Benjamin Klein

. . . von wegen Sterben

REGIATREX-VERLAG

3. Auflage
REGIATREX-VERLAG
D-88212 Ravensburg, Vorarlbergerstr. 13
ISBN 3-928080-08-3
Druck: Kösel, Kempten

...von wegen Sterben

Sind Sie schon einmal gestorben? Blöde Frage, wer stirbt schon gerne, und dazu noch freiwillig!

Bei jedem anderen Thema würde Sie ein solch flapsiger Anfang schmunzeln lassen. Aber beim Sterben? Nein das geht nun wirklich zu weit! Bei einer solch ernsten Angelegenheit!

„Herr, gib ihnen die ewige Ruhe, und das ewige Licht leuchte ihnen, Herr, laß sie ruhen in Frieden." Ja, das klingt schon würdevoller. Schwarze Kleider, verweinte Augen, traurige Gesichter, Glockengeläut, Kirchenchor, fällt Ihnen auf Anhieb auch noch das passende Wetter dafür ein? Wolkenverhangener Himmel natürlich, kalt und regnerisch, ein richtiges Sauwetter!

Oder würden Sie gerne bei strahlend blauem Frühlingshimmel sterben? Neben zwitschernden Vögeln und einer Schar lärmender Kinder? Was für ein Gedanke! Wo Sterben doch das Schlimmste ist, das einem passieren kann!

Tot! Aus! Endgültig! Keine Sonne mehr, keine Freude, kein Leben! Vielleicht mit Gottes Gnade noch die Ewigkeit! Doch was ist das schon gegen dieses Leben hier! Lieber den Spatz in der Hand als die Taube auf dem Dach - falls es diese Taube überhaupt gibt. Ist doch verständlich, daß man sich mit Händen und Füßen dagegen wehrt! Oder?

„Herr, gib ihr die ewige Ruhe!"

Nun, wenn es die Oma ist mit ihren 87 Jahren, sie hat ihr Leben gehabt, womöglich viel leiden müssen in den letzten Jahren, da ist es ja eher eine Erlösung, aber die junge Mutter mit ihren drei kleinen Kindern, oder das zweijährige Mädchen, es hat ja noch nicht einmal angefangen zu leben! Oh du blindes Schicksal, du ungerechte Welt! O Gott, wenn es Dich gibt, laß doch unseren alten Opa sterben, der hat doch eh nicht mehr viel zu erwarten, aber doch nicht meinen Mann, ich hab' doch sonst niemanden! Und die Kinder und überhaupt. Soll das etwa gerecht sein?

Wie viele Menschen sind daran schon verzweifelt, unfähig, nach dem Tod eines nahen Angehörigen wieder ein normales Leben zu führen. Und täglich sterben einige hunderttausend Menschen. Ja - aber das ist weit weg, es müßte ja nicht gerade hier sein, nicht gerade ich!

Es gibt kein Ereignis, das so viele Anklagen über sich ergehen lassen muß wie der Tod! Findet der Tod im religiösen Leben noch - fast schamhaft - ab und zu Erwähnung, zumindest in alten Liedern und halbverwitterten Inschriften, so wird der Tod im öffentlichen Leben schlichtweg totgeschwiegen. Man spricht nicht darüber. Wir wollen auch nichts davon hören, auch bitte nicht darüber nachdenken müssen. Das macht nur angst. Manche Dinge soll man ja auch herbeireden können. Lieber nicht daran rühren. Er kommt eh früh genug, und ganz von alleine!

In so vielen Menschen sitzt diese Angst vor dem Tod so tief, daß sie nicht mehr in der Lage sind, frei und unbeschwert zu leben! Und auch wenn es ihnen in der Regel nicht bewußt ist, so hat doch gerade dadurch der Tod bereits in ihrem Leben regen Einzug gehalten. Nicht nur, daß er ihnen jede Freude „tötet", er macht es ihnen auch unmöglich, ihre ureigenste

Bestimmung zu erkennen, sich zu entfalten und in ihrer Entwicklung fortzuschreiten. Und das alles einzig und allein deswegen, weil wir mit unserem Schlagwortglauben nichts anfangen können, weil uns niemand sagt, wer wir wirklich sind, wo wir wirklich herkommen und hingehen, was dieses Leben wirklich bedeutet! Weil wir mit Begriffen wie „ewiges Leben“, „ewige Ruhe“ und „ewige Seligkeit“ vielleicht unser Gemüt, niemals aber unser Herz beruhigen können. Und weil ein Glaube, der uns jede Eigenverantwortung für unser jetziges Leben nimmt, der die gravierendsten Verstöße gegen das Leben nicht einmal erwähnt und für den die zehn „Gebote“ (in Wirklichkeit sind es ja Verbote!) lediglich Meßlatte für das „Jenseits“ sind, weil ein solcher Glaube immer weniger Leute zu beruhigen vermag und paradoxerweise gerade die nicht, die daran glauben! Ich spreche hier nicht von der „ewigen Höllenstrafe“.

Ich setze mein Buch „...von wegen Hölle“ voraus und werde hier nur vereinzelt darauf eingehen. Für wen die Hölle immer noch ein Thema ist, der möge bitte zuerst dieses Buch lesen, denn es ist unmöglich, mit Höllenangst im Nacken zur Wahrheit zu finden.

Wie immer scheitern wir auch hier wieder an unserem Grundproblem: Wir nehmen uns zu wichtig! Es ist eine merkwürdig unheilige Allianz zwischen Atheismus und Christentum, die dieses Leben zu einem einmaligen absoluten Ereignis hochstilisiert. Die einen aus Egoismus und Machtstreben - wenn nach diesem Leben alles vorbei ist, dann ist es verständlich, daß Besitz und Genuß in den Vordergrund rücken, daß Egoismus und Machtstreben zum Selbstzweck erhoben werden, und daß ich der Mittelpunkt der Welt bin.

Und die anderen?

Genauso aus Egoismus und Machtstreben. Wieso? Ganz einfach: Wenn dieses Leben ewigkeitsentscheidend ist, wenn ich keine Chance habe, einen Fehler, ein verpfuschtes Leben jemals wieder gutzumachen, dann bin ich viel schneller bereit, mir die Zügel aus der Hand (und das Geld aus der Tasche) nehmen zu lassen und für mich denken zu lassen, wenn ich mir nur im Gegenzug dafür das Versprechen des „ewigen Lebens" einhandle. Ob ich so richtig daran glaube? Ich weiß nicht! Aber anders kann man doch auch nicht leben! Dafür ist die Angst zu groß! Wenn es nun doch so wäre? Also halte ich die paar „Gebote", es sind ja auch wirklich nicht viele, ein paar Almosen und so, das schafft Sicherheit. Im Mittelalter mußte man noch für alles bezahlen, Messen, einfache Ablässe, Mehrfach-Ablässe, Generalablässe (die teuersten!). Aber damit konnte man auch wirklich sicher sein, damit konnte nichts mehr schiefgehen. Und auch heute noch gibt es große christliche Gemeinschaften, wo sich „Gottesdienste" kaufen lassen, für sich selber oder für die „armen Seelen", wo man mit geringem Aufwand wahllos arme Seelen aus dem Fegefeuer erlösen - und sich selber davor bewahren kann. Ein paar Gebete und religiöse Handlungen, „Ablaß" genannt, am richtigen Tag und in der richtigen Reihenfolge reichen hierfür aus! Andere machen's nicht ganz so billig, doch ein paar Almosen und ein „ordentliches" Leben reichen für den Himmel allemal. Also, wofür eigene Gedanken machen, sich unnötigen Zweifeln aussetzen - wer weiß, ob Zweifel überhaupt erlaubt sind - und dann womöglich wegen ketzerischer Gedanken Kopf und Kragen riskieren und sein Seelenheil aufs Spiel setzen? Nein danke!

Und der Teufel lacht sich ins Fäustchen! Muß er ja, bei so viel Dummheit! Vielen schon hat dieser Trugschluß ein böses Erwachen beschert! Es gibt nur eine Wahrheit! Wohl sendet diese - wie die Sonne - viele Strahlen zur Erde, und wir sind frei, welche wir ergreifen, aber wir können keine Strahlen erschaffen, das funktioniert nicht, sie geben kein Licht! Auch wenn Sie daran glauben, auch wenn Sie noch so sehr daran glauben, wenn es darauf ankommt, stehen Sie im Dunkeln!

Die echten, tiefen Glaubensinhalte, die großen Geheimnisse, die Mysterien der Eingeweihten, sie wurden verwässert und zugedeckt, von Gutmeinenden, aber Unwissenden, mit Unwichtigem und Unrichtigem umgeben, aber auch von egoistischen, machtbesessenen Menschen, die geschickt den Spielraum, den jede Religion bietet, für ihre eigenen Interessen nützten. Freilich können Sie immer noch alles finden, was Sie zum „Leben" brauchen! Es ist ja nicht viel. Es ist schlicht und einfach:

Liebe

Was Sie darüber hinaus noch tun, interessiert nicht! Genausowenig interessiert jedoch das, was Sie tun, wenn Ihnen die Liebe fehlt! Jesus kennt kein anderes Gebot! Alles andere sind Menschengebote! Liebe - und sonst nichts! Und wenn Sie das wirklich tun, dann kann Ihnen niemand schaden, dann brauchen Sie sich auch keine Gedanken machen, auch über das Sterben nicht! Denn es ist völlig egal, wie Sie sich Gott oder den Himmel oder das Leben nach dem Tod oder sonst irgend etwas vorstellen, Gott wird Ihnen zur rechten Zeit die rechte Erkenntnis geben, wird Ihre Liebe in Seine wandeln!

Immer wieder gibt es diese begnadeten Menschen, die in einem solch unglaublich kindlich naiven Glauben leben, sich durch nichts aus der Ruhe bringen lassen und nichts als Liebe und grenzenlose Zuversicht ausstrahlen. Also ist es gar nicht wichtig, über Sterben und Tod und ewiges Leben Bescheid zu wissen, und dieses Buch ist völlig überflüssig?

Ja! Für solche Menschen ja! Ich kann ihnen das Wasser nicht reichen, sie leben schon hier im Himmel! Sie haben übrigens ein gemeinsames Erkennungszeichen: ihre Demut! Nein, für sie ist dieses Buch nicht geschrieben!

Auch für jene nicht, die nur an dieses Leben glauben, für die es sonst nichts gibt, vorher nicht und nachher nicht und auch daneben nicht! Es gibt viele Zeichen, viele Beweise, aber aus irgendeinem Grund hat Gott es so eingerichtet, daß wir sie ignorieren können. Und das ist gut so! Es wäre für Gott ein leichtes, Sich uns zu beweisen, unwiderruflich, unwiderlegbar. Er könnte Sich vor uns hinstellen, und wir würden den Mund nicht mehr aufbringen vor Staunen! Warum Er es nicht tut? Fragen Sie Ihn!

Ja, fragen Sie Ihn!

Er spricht nicht mit Ihnen? O doch! Sehr wohl! Sie hören es nur nicht! Ja, und genau das dürfte der Grund sein, warum Gott uns keinen unwiderlegbaren Beweis vor Augen stellt: Wir würden aufhören zu fragen, aufhören zu hören oder gar nicht erst anfangen. Wir wären bestenfalls ein leeres Gefäß, das Er füllen könnte, womöglich noch irgendwo leckgeschlagen! Immer wieder begegnen uns diese Bilder in Liedern und Gebeten: „fülle mich", „mach mich zu einem Gefäß Deiner Liebe". Nein, Gott will keine Gefäße, weder dichte noch undichte. Eine Handbewegung nur - und eine beliebige Zahl perfekter „Gefäße" hätte vor Ihm gestanden. Absolut unnötig, ganze Heerscharen von Engeln auf die Erde zu schicken, geschweige denn Seinen Sohn dem irdischen Tod preiszugeben. Wann endlich hören wir auf, uns vor lauter falsch verstandener Demut und Gottes-Furcht als von Ihm abhängige Marionetten zu sehen! Es tut mir leid, aber wer Gott unterstellt, daß Er auch nur einen Funken mehr Leid zuläßt, als unbedingt notwendig ist, „Not - wendend", der unterstellt, daß Gott entweder lieblos ist - wer wirklich liebt, sucht jedes Leid des anderen zu verhindern - oder er unterstellt, daß Gott fehlerhaft, bestenfalls ein mittelprächtiger Herrscher ist - ein wirklich perfekter, allmächtiger Herrscher macht keine Fehler, zumindest keine solch gravierenden! Es gibt keine andere Möglichkeit! Wir müssen anfangen, mit klaren rationalen Gedanken unsere Beziehung zu Gott zu durchleuchten. Unterwürfigkeit, Gefühlsduselei und Angst - ja vor allem immer wieder die Angst, die unser Gottesbild so stark prägt - sie bringen uns nicht weiter! Das hat nichts mit mangelnder Ehrfurcht zu tun! Im Gegenteil! Die Furcht ist kleiner, aber dafür wird die Ehre um so größer. Oder wo können Sie Ehre entdecken bei einem Gott, der mit der Knute regiert? Wo ist Ehre bei einem Gott, der seine Geschöpfe unnötigem Leid aussetzt? Wo ist Ehre bei einem Gott, der sich noch nicht einmal an seine eigenen Gesetze hält?

„Liebe deinen Nächsten wie dich selbst", das gilt auch für Gott, wie alle Seine Gesetze zuallererst für Gott, und Sie dürfen ganz sicher sein, daß Er Seine Gesetze heiliger hält als Sie, und daß Er Sie genauso liebt wie Sich Selber.

Es gibt viele Dinge, die wir mit unserem menschlichen Verstand nicht erfassen können. Aber alles, was unser irdisches Leben betrifft, was den Sinn des Lebens, was unser Verhältnis zu Gott betrifft, all das kann unser Verstand erfassen! Gott führt uns doch nicht bewußt in die Irre! Der Gott, von dem Jesus sagt, Er sei noch viel besser als ein Vater, der seinem Sohn ja auch „keine Schlange gibt, wenn er um Fisch bittet, oder einen Skorpion".

Gott hat uns doch keinen Verstand gegeben, um uns in die Irre zu führen! Wie denn auch! Gott will uns erlösen! Von unserem selbst geschaffenen Leid! Er will unsere Freude, unser Glück, unsere Liebe! Jesus liebt, hilft, heilt, tröstet, verzeiht - und das alles im Namen Seines Vaters. Ja, was wollen Sie denn noch mehr? Sein Gleichnis vom „verlorenen Sohn" ist ein Lehrstück für die Liebe! Und dieser Vater soll uns in die Irre führen, ausgrenzen, verdammen? Geradezu lächerlich! Nur wenn unser Verstand verblendet ist durch Stolz, durch Egoismus, durch Machtstreben - oder durch Angst, erst dann wird er uns von Gott wegführen. Der blinde Gehorsam, der von so vielen Religionsgemeinschaften eingefordert wird, war Jesus völlig fremd, und nie hat Er ihn von Seinen Jüngern gefordert, ihnen vielmehr immer alles bis ins Kleinste erklärt. Und nie hat Er etwas „Unsinniges" von ihnen gefordert, etwas, das sie mit ihrem Verstand nicht hätten erfassen können, im Gegenteil, deswegen hat Er Sich oft genug mit den Juden angelegt und ihre rituellen Vorschriften ab absurdum geführt.

Es ist dies der wichtigste Punkt in unserer ganzen Gottesbeziehung! Bitte machen Sie sich dies ganz klar: Gott macht nichts mit Ihnen, aber auch gar nichts, was Sie mit Ihrem Kind nicht machen würden, aber Er tut unendlich viel mehr Gutes für Sie, als Sie Ihrem Kind je tun können! Messen Sie bitte hieran alles, was Ihr Verhältnis zu Gott betrifft, gerade auch das Sterben, und alles bekommt ein völlig anderes Gesicht!

Bevor ich Sie frage, ob Sie sich schon einmal Gedanken gemacht haben, wer Sie eigentlich sind, noch ein kleiner Exkurs für alle, die den Menschen lediglich für eine Laune der Natur halten, eine Fortentwicklung aus Reptil und Affe, ein Opfer zufälliger Erbsubstanzveränderungen (Mutation), wie es uns das darwinistisch - atheistische Weltbild lehrt, das anscheinend kritiklos vom Christentum übernommen wurde! Es ist schlicht und einfach Dummheit, unglaubliche Dummheit, entstanden aus der Paarung von Verblendung und Überheblichkeit, wobei schon die Verblendung eine Tochter der Überheblichkeit ist. Ich will nicht über den wissenschaftlichen Unsinn der Darwin'schen Entwicklungslehre reden. Darüber gibt es viele Bücher, abgesehen von den Zweifeln, die Darwin selbst geäußert hat. Ich möchte andere Gedanken anführen: Gerade heute, wo die Wissenschaft intensiv an sogenannten neuronalen Netzen, also intelligenten, lernfähigen Maschinen arbeitet und dabei tolle Erfolge erzielt, wird sichtbar, daß eine Maschine immer nur maximal soviel „Intelligenz" ausschöpfen kann, wie ihr „Schöpfer" in sie hineingelegt hat. Ist sie optimal gebaut, wird sie mit der Zeit das ganze Potential nutzen können! Doch kann keine Maschine aus sich heraus mehr Intelligenz hervorbringen, als ihr in die Wiege gelegt wurde. Dieses Prinzip ist im übrigen jedem Wissenschaftler bekannt. So gibt es in der Physik einen Bereich, der sich mit der Erforschung der „Unordnung" befaßt, die sogenannte Chaosforschung, und je tiefer diese Forscher in die Natur eindringen, desto mehr stoßen sie auf ordnende Strukturen in dem Chaos, desto mehr finden sie Gesetzlichkeiten, nach denen das „Chaos" arbeitet. Ich will Sie nicht mit den komplizierten Formeln und Gesetzen langweilen, die daraus abgeleitet wurden, nur soviel müssen Sie wissen, daß alles, was an geordneten Strukturen aus diesem scheinbaren Chaos entsteht, schon immer in dem Chaos angelegt war! Und zwar in allen Bereichen! In der Entstehung des Weltraumes - wie in der Atomforschung - wie in der gesamten Natur! Alles, was in der Natur bzw. durch die Natur entsteht, ist schon vorher in ihr angelegt! Und wenn ein intelligenter und denkender Mensch entsteht, dann war er schon immer darin angelegt! Wer hat ihn wohl da reingelegt? Ein Atheismus jedenfalls läßt sich hieraus nicht ableiten. Wer Gott trotzdem leugnen will, kommt nicht umhin, der Intelligenz, die in der Natur sichtbar wird bzw. hinter der Natur steht, oder der Natur als Gesamtheit einen gottähnlichen Status zuzubilligen. Denn wenn die Natur einen Menschen hervorbringen kann, dann muß ihre Intelligenz unsere überragen, ganz einfach! Und wer sich so gerne auf die Naturwissenschaft beruft, wenn er Gott leugnet, der muß sich sagen lassen, daß dies gerade von dieser Naturwissenschaft bewiesen worden ist. Nur haben die Naturwissenschaftler das gleiche Problem wie wir Christen: Auch sie können Gott nicht fassen, Er paßt einfach nicht in ihre Reagenzgläser, genauso wie Er sich partout nicht unseren Religionsgesetzen unterwirft und in keine unserer „Schubladen“ paßt und nie passen wird und auch nicht passen will! Er paßt aber in eines: In unser Herz!

Erinnern Sie sich an die Bibel? Nur wenige Stellen sind es, die Jesus aus dem Alten Testament zitiert. Eine davon scheint Ihm sehr wichtig zu sein, nicht um Sich zu verteidigen - eigentlich hat Sich Jesus nie verteidigt. Nein, Er wollte uns sagen, wer wir sind: „Götter seid ihr!“

Ja! Wußten Sie das nicht? Dann haben Sie die Bibel nie richtig gelesen! Ganz am Anfang schon steht es! Mehrmals! In seiner Formulierung unschlagbar und an Deutlichkeit nicht zu übertreffen und durch „Auslegungen“ nicht unschädlich zu machen, höchstens totzuschweigen:

„Dann sprach Gott: Lasset uns Menschen machen nach unserem Abbild, uns ähnlich! So schuf Gott den Menschen nach seinem Abbild, nach Gottes Bild schuf er ihn!“

Erschaffen Sie doch einmal jemanden nach Ihrem Ebenbild! Würden Sie von einem Affen behaupten, er sei nach Ihrem Ebenbild erschaffen, weil er aufrecht geht und Kopf und Arme hat? Oder von einem Roboter, weil er gehen kann und Ihnen das Essen serviert? Oder von einer Schaufensterpuppe, weil sie Ihnen so ähnlich sieht? Nein! Jemand, nach meinem Ebenbild erschaffen, der müßte nicht nur aussehen wie ein Mensch, er müßte auch leben, müßte selbständig denken können, wenigstens ein bißchen. Er müßte eben nicht nur unsere Nase haben, sondern uns insgesamt ähnlich sein! Wohl kaum jemand wird mir hier widersprechen, sicher auch der Schreiber des Schöpfungsberichtes der Bibel nicht!

Soll ich nun weiterschreiben? Trauen Sie sich weiterzulesen? Schon Jesus ist dafür umgebracht worden, nur weil Er Sich als Sohn Gottes bezeichnete, von Menschen, die sich damals wie heute nicht vorstellen konnten, Gott jemals gegenübertreten zu können, geschweige denn Ihm auch nur ein bißchen ähnlich zu sein, geschweige denn.....! Unvorstellbar! Ein Verhältnis wie Hunde zu ihrem Herrn, ja, das wäre denkbar! Nur - ist ein Hund vielleicht nach unserem Ebenbild erschaffen? Nun, die Bibel behauptet es jedenfalls von uns - als Ebenbild Gottes! Ja, und genau das ist es! Nicht mehr und nicht weniger! Gottes Ebenbild, ein echtes Kind Gottes! Millionen von Menschen nehmen dieses Wort jeden Tag in den Mund, ohne sich dessen wirklicher Bedeutung bewußt zu werden! Mein Kind, das sieht nicht nur so aus wie ich, es trägt auch dieselben Möglichkeiten, dieselbe Potenz in sich. Doch ist es so angelegt, daß es sich aus sich selber heraus nicht richtig entfalten kann. Es braucht jemanden, der ihm hilft, der es an der Hand nimmt, der ihm liebevolle aber klare Grenzen aufzeigt, der immer da ist, zu dem es immer kommen kann, auch wenn es den größten Blödsinn gemacht hat, vor dem es niemals Angst zu haben braucht und mit dem es auch seine Freude teilen kann. Schlicht und einfach jemand, der ihm eine optimale Erziehung angedeihen läßt. Und genau das trifft auch auf uns zu, als Kinder Gottes - und das im wahrsten Sinne des Wortes. Daß unsere Seelen göttlich sind, dafür brauche ich hier keinen Beweis zu führen, das ist Auffassung aller Religionen. Göttlich, das kann aber nur heißen, ein Teil von Ihm, ein Stück Göttlicher Substanz! Etwas, das wir als tierisch bezeichnen, besteht aus Teilen von Tieren, und eine pflanzliche Mahlzeit besteht eben aus Produkten aus dem Pflanzenreich. Klar! Soweit sind die meisten bereit zu folgen! Doch das war's dann auch schon!

„Gezeugt, nicht geschaffen...", heißt es im Glaubensbekenntnis der großen Kirchen. Niemand auf der Welt ist in der Lage, diesen Satz zu erklären. Die Absicht ist klar: Es soll unterschieden werden zwischen Jesus und uns. Jesus wurde vom Vater „gezeugt, nicht geschaffen", wir hingegen wurden wohl geschaffen und nicht gezeugt! Womit bewiesen wäre, daß Jesus wahrer Gott ist und wir „nur" göttlich!

Daß niemand mich falsch versteht: Jesus ist Gott! Das Problem ist nur, es weiß niemand, wie Gott „zeugt", und es weiß niemand, wie Er „erschafft". Und so dienen diese beiden Worte auch nicht dazu, tatsächliche Vorgänge zu beschreiben, sondern Glaubensinhalte auszudrücken. Glaubensinhalte, die sehr viel mit Ehr-Furcht und Gottes-Furcht zu tun haben. Ein Glaube, der solche Worte entstehen läßt, muß sich fragen lassen, wodurch seine Glaubensinhalte entstanden sind: aus der lebendigen Beziehung zu Gott (Mystik) oder aus rationalen Überlegungen, oft genug auf dem Boden der Angst (Dogmatik)! Jemand, der in Gottesfurcht lebt, kann niemals in einer lebendigen, liebenden Beziehung zu Gott leben! Furcht schließt Liebe aus! Sie können Ihren Mann nicht lieben, wenn Sie in ständiger Angst leben, ja alles richtig zu machen, ja nichts Falsches zu sagen, das Essen nicht anbrennen zu lassen, nirgends ein Stäubchen zu übersehen, weil Sie wissen, daß er ein strenger Herr ist, der Ihnen regelmäßig all Ihre Verfehlungen aufs Butterbrot schmiert - um sie dann zwar großzügig zu verzeihen, falls sie nicht allzu schwerwiegend sind, aber ohne mit der Wimper zu zucken auch bereit ist, Sie an die frische Luft zu setzen, wenn Sie für seine Zwecke nicht taugen! Angst tötet mit der Zeit auch die stärkste Liebe, und unser Verhalten zu Gott ist diesem Beispiel sehr ähnlich. Nichts ist zu spüren von dem innigen Verhältnis zweier Liebender oder eines Kindes zu seinem liebenden Vater! Mein Kind, das ist ein Teil von mir. Nur - ich bin nicht teilbar! Wenn ich ein Kind gezeugt oder geboren habe, dann gibt's mein Kind ganz - und mich auch noch! Ja das ist Leben. Die ganze Natur ist so aufgebaut. Nie muß etwas „sterben", um neues Leben hervorzubringen. Leben ist immer ganz! Leben kann weitergegeben werden und bleibt trotzdem ganz! Leben ist nie teilbar! Jeder Teil trägt immer das Ganze in sich, und sei er noch so klein!

Das ist das ganze Geheimnis der Schöpfung Gottes!

Gott hat Sich „aufgeteilt" in unendlich viele „Gottesfunken". Doch Gott bleibt trotzdem ganz und jeder dieser Gottesfunken trägt das Ganze in sich! Das Ganze! Also Gott in Seiner Gesamtheit! Jeder Mensch! Für die frühe Menschheit war dies selbstverständlich. So ist dies auch die Kernaussage der ältesten bekannten Weisheitslehre, die auf den sagenumwobenen „Halbgott" Hermes Trismegistos zurückgeht. Und im Prinzip sagen die Kirchen und Religionsgemeinschaften nichts anderes, nur bleiben sie auf halber

Strecke stehen, weil sie Angst haben vor der eigenen Courage, weil sie vor den Konsequenzen zurückschrecken: Gott lebt in jedem Menschen - ganz! Er ist in jeder Hostie - ganz. Wenn sie geteilt wird, ist Er in jedem Teil - ganz. Er ist überall gleichzeitig und - ganz. Und das kann nur eines bedeuten: nicht Gott ist in uns, sondern wir sind in Gott! Das ist der große Unterschied! Gott kann niemand fassen, außer Gott selber! Ein Gefäß, das irgend etwas fassen soll, muß immer größer und stabiler sein als der Inhalt. Der Eimer ist größer als der Sand und stabiler als das Wasser. Können Sie mir ein Beispiel geben, wo es umgekehrt ist? Die Hülle kleiner oder schwächer als der Inhalt? Höchstens die Tragetasche im Supermarkt - und draußen purzeln dann alle Dosen auf den Boden. Was im Materiellen so ist, das ist im Geistigen erst recht so! Ich könnte Gott nicht fassen, wenn ich nicht göttlich wäre! Aber es kann doch auch gar nicht anders sein, ich kann doch gar nicht anders sein. Ich werde wegen der Wichtigkeit wiederholen, was ich schon in dem Büchlein „...von wegen Hölle" angeführt habe:

Aus was hat uns Gott denn erschaffen? In der Bibel steht: „Da bildete Gott, der Herr, den Menschen aus dem Staub der Ackerscholle und blies in seine Nase den Odem des Lebens, so ward der Mensch ein lebendiges Wesen." Unser Körper, den wir oft so wichtig nehmen, er ist Staub! Was uns lebendig macht, was in unserem Körper lebt, das ist Gottes Odem! Und das ist auch nach theologischem Verständnis Seine Lebenskraft! Und die gibt es nicht umsonst! Auch für Gott nicht! Mit diesem Teil Seiner Lebenskraft ist Er in uns eingegangen. Er ist unser Leben! Außerdem ist Gott auch nach dem Verständnis aller christlichen Gemeinschaften unendlich! Wie soll Er denn unendlich sein, wenn ich kein Teil von Ihm bin? Sie können es drehen und wenden, wie Sie wollen, es geht nicht anders: Entweder ist Gott ein Wesen, und wir sind ein anderes, dann kann er nach Belieben über uns herrschen. Er ist der Größere, der Stärkere, er kann die Regeln diktieren und kann tun und lassen, was er will. Aber dann ist er weder ewig, noch unendlich, noch allmächtig! Denn es ist etwas neben ihm (der Mensch), und es war etwas vor ihm (das ihn und das Material erschaffen hat, aus dem er dann den Menschen gebildet hat). Und da er erschaffen wurde, ist er dann auch nicht ewig!

Oder Gott ist unendlich und ewig und allmächtig, dann kann Er uns auch nur aus Sich heraus erschaffen haben, weil es sonst außer Ihm nichts gibt! Und dann ist Er in jedem von uns ganz, weil Er nicht teilbar ist! Und nur dann ist Er auch ewig, und der Mensch auch, weil ewig definitionsgemäß nicht nur kein Ende hat, sondern auch keinen Anfang! Alles, was einen Anfang hat, hat auch ein Ende! Und wenn dem Menschen ein ewiges Leben versprochen wird, dann kann der Mensch auch keinen Anfang haben - hat er auch nicht, wie schon Paulus in seinem zweiten Brief an Timotheus richtig erkannt hat.

Interessanterweise gibt uns gerade die ach so atheistische Naturwissenschaft hier Schützenhilfe. In den letzten Jahren hat sich nämlich dieser vorher erwähnte hermetische Glaubenssatz als Grundmuster der Natur herausgestellt. Was das Weltall im Großen ist, das sind die Atome im Kleinen. Und inzwischen sind Hunderte von noch kleineren Teilchen gefunden worden, die wiederum einzelne „Sonnensysteme" innerhalb der Atome bilden! Der Mensch ist ein riesiges „Weltall", aus unzähligen Atomen aufgebaut. Die festen Teilchen der Atome entsprechen in etwa denselben Größenverhältnissen von Sonne und Planeten. Bekannt ist auch, daß jede Zelle die Information des ganzen Körpers in sich trägt und sich theoretisch in jede beliebige Körperzelle verwandeln könnte. Gesteuert werden die Zellen von einem Kommunikationssystem aus ultrafeinen Lichtquanten, erst unlängst von dem Physiker Popp entdeckt. Jede Zelle trägt das Ganze in sich, vor wenigen Jahren noch undenkbar! Inzwischen steht fest, daß diese Informationen von Teilen der Zellen ausgehen, und wenn wir feinere Meßgeräte entwickelt haben werden, können wir feststellen, daß dies bereits auch für deren Teile, die Atome, und für deren Teile gilt.

Inzwischen hat auch die „Crème“ der Astronomen klammheimlich Abschied genommen vom „Urknall“. Andere Strukturen - Ellipsoid- und Sattelmodelle und ähnliches - werden diskutiert, weil eben viele Beobachtungen der bisher angenommenen ständigen Expansion des Weltalls widersprechen. Was die Astronomen vielleicht einmal sehen können, wenn sie anfangen, über ihren Tellerrand hinauszuschauen - es ist einer der vielen Treppenwitze der Geschichte, daß unsere „Wissenschaftler“ meinen, mit ihren jahre-, vielleicht jahrzehntelangen Beobachtungen ein Weltall beurteilen zu können, das selbst nach ihren eigenen Angaben Hunderte von Milliarden Jahren alt sein soll, in Wirklichkeit aber bereits „ewig“ besteht, erst wenn sie dies eingesehen haben, werden sie feststellen können, daß das Weltall genauso schwingt wie jedes Atom, nur eben auf Grund seiner Größe extrem viel langsamer. Und wenn sich ein Beobachter an einen beliebigen Punkt in einem Atom setzen würde, dann sieht es manchmal so aus, als ob sich „alles“ ausbreitet, wenn gerade alle Atomteilchen nach außen schwingen und manchmal, als ob sich „alles“ zusammenzieht. Genauso ist es beim Weltall auch!

Ein letztes noch, dann will ich diesen trockenen Exkurs beenden. Alle(!) Materieteilchen können in Schwingung, in reine Energie umgewandelt werden und umgekehrt. Am bekanntesten dürfte das Beispiel der Lichtstrahlen (Schwingung) sein, die mit den Photonen (Materieteilchen) identisch sind. Und wie vielen „Ungläubigen" mit dem Tod, so erging es auch den Physikern mit den Photonen, die sich in ihren Versuchen plötzlich in Nichts auflösten, bis sie erkannten, daß sie sich nur in Lichtschwingungen verwandelten! Alle Materie, auch der Mensch, ist nichts anderes als „gefrorene Schwingung". Und das ist kein Hirngespinst, keine „Esoterik", auch kein „New Age", das ist reine Physik!

So ein Blödsinn! Jetzt haben Sie ein Buch über das Sterben gekauft und finden sich inmitten von Atomen und Energie und Schwingung und Weltall wieder. Wann kommt denn eigentlich das Sterben dran? Ganz einfach - gar nicht!

Es wird nicht gestorben! Ja! Es gibt keinen Tod - nur Umwandlung, genau wie in der Physik! In der ganzen Naturwissenschaft ist nicht ein einziger Vorgang bekannt, wo etwas vernichtet wird, es kann immer nur gewandelt werden. Und wie in der Physik - bevor diese Zusammenhänge bekannt wurden - so stehen wir auch heute da und starren auf den Tod, weil wir die hinter seinem Gesicht stattfindende Wandlung nicht sehen! Nicht sehen können? Oder nicht sehen wollen? Nun, es gibt viele, die sie sehen können und es gibt auch viele, die bereits an der „Schwelle des Todes" standen (was für ein dummes Wort! In Wirklichkeit müßte es heißen: an einer „Schwelle des Lebens") und hinübersehen konnten und diese Eindrücke in ihrem Bewußtsein speichern konnten! Das ist das entscheidende! Hinübersehen tun wir alle! Oft und oft, Nacht für Nacht! Aber wir können die Eindrücke nicht mit herübernehmen in unser Wachbewußtsein. Lediglich als „Träume" bleiben uns Bruchstücke in Erinnerung. Wenn wir Träume unvoreingenommen und vorurteilslos betrachten, müssen wir zwangsläufig erkennen, daß wir ein aus Körper und Geist „zusammengesetztes" Wesen sind. Die frühere „materialistische" Traumdeutung sah die Träume lediglich als „Aufwühlung des Unterbewußtseins", als ein Nachverarbeiten dessen, was wir bereits erlebt und im Gedächtnis abgespeichert haben, das, was uns im „Unterbewußtsein" beschäftigt, wie man so schön sagt! Ein recht untauglicher Versuch, das Geistige zu leugnen, wußte man doch schon damals, daß es nicht stimmte. Nicht nur die heutige Traumforschung hat diese Deutung ad absurdum geführt, unzählige Menschen haben es selber erlebt und erleben es stets neu, weil sie Dinge träumen, mit denen sie nie in Berührung kamen! Unzählige Frauen haben im Krieg ihre Männer oder Söhne in der Schlacht fallen gesehen, verwundet oder gerade noch einmal davongekommen, so wie man es ihnen später tatsächlich berichtet hat. Viele träumen von Ereignissen, die einige Zeit später wirklich eintreten. Viele Erfinder geben an, ihre Erfindungen geträumt zu haben und interessanterweise oft mehrere gleichzeitig an völlig verschiedenen Orten, ohne sich je kennengelernt zu haben! Seit kurzem gibt es einen Bereich der Traumforschung, das „bewußte Träumen", wo im „Traum" Dinge gesehen und erlebt werden können , die woanders tatsächlich passieren. Auch die Parapsychologie hat unzählige Beweise geliefert für alle Arten von Telepathie, vom „einfachen" Gedankenlesen bis hin zu der Fähigkeit, an weit entfernten Orten „anwesend" zu sein und Gegenstände wie auch Handlungen, die sich an einem anderen Ort abspielen, exakt zu beschreiben. Selbstverständlich gibt es gerade auf diesem Gebiet viel Leichtgläubigkeit, viel Scharlatanerie. Das liegt in der Natur der Sache. Doch werden Sie heute kaum mehr ein Gebiet finden, auf dem nicht Schindluder getrieben wird. Gefragt ist heute mehr denn je eine klare Unterscheidungsgabe. Und so erweisen sich dann auch viele dieser Untersuchungen als hieb- und stichfest. Nur - der Körper besitzt solche medialen Fähigkeiten nicht, es gibt keine andere Erklärung, es kann nur ein mit unserem sichtbaren materiellen Körper verbundener unsichtbarer Körper sein, der sich mehr oder weniger frei im Raum bewegen kann. Die „Ungläubigen" mögen sich an die wissenschaftlichen Beweise der Parapsychologie halten, die Gläubigen brauchen nur in der Bibel nachzulesen, beispielsweise bei Paulus im zweiten Korintherbrief: „Ich kenne jemand, einen Diener Christi, der vor 14 Jahren bis in den dritten Himmel entrückt wurde; ich weiß allerdings nicht, ob es mit dem Leib oder ohne den Leib geschah, nur Gott weiß es", und im nächsten Satz wiederholt er diese Passage noch einmal „und ich weiß , daß dieser Mensch in das Paradies entrückt wurde; ob es mit dem Leib oder ohne den Leib geschah, weiß ich nicht, nur Gott weiß es." Es ist eine der Erfahrungen, die Sie auch selber in der Meditation machen können, daß neben dem Körper ein Geist existiert, der sich - zumindest bei etwas Übung - frei bewegen kann. Auch sonst gibt es der Beispiele genügend. Pater Pio ist ein gut belegtes Beispiel für Bilokation, er wurde wiederholt an verschiedenen Orten gleichzeitig gesehen, aber auch viele Berichte von „Heiligen" und „einfachen" Christen, die zu Lebzeiten in den Himmel entrückt wurden und Dinge sehen durften, die unser Körper nicht sehen kann, auch mit Stielaugen nicht. Im Hinduismus und Buddhismus, zwei vorwiegend mystischen und meditati-

ven Religionen, gibt es sehr viel mehr Menschen, die ihren geistigen Körper bewußt nutzen können.

Egal ob Sie „gläubig“ oder „ungläubig“ sind, die Fülle der Beweise ist so erdrückend, daß es keine Möglichkeit gibt, die Existenz eines geistigen Körpers zu leugnen! Sie können höchstens die Augen davor verschließen und nach Vogel-Strauß-Manier den Kopf in den Sand stecken: Interessiert mich nicht, will ich nicht wissen, laßt mich in Ruhe! Dann nehmen Sie die Fernsehwerbung weiterhin für bare Münze, glauben jeden Tag brav Ihrer Zeitung und vertrauen darauf, daß Sie sich mit Bodybuilding, Liebesromanen und Sciencefictionfilmen über die Zeit retten können. Und dann?

Dann stehen Sie da, wie so viele vor Ihnen, die auch nichts wissen wollten, die auch in Ruhe leben wollten. Denn eines steht fest, der Tod, das ist das Ende des sichtbaren Körpers! Überleben kann nur das, was die meisten von uns nicht sehen können!

Sicher gibt es gerade über dieses Thema viele Bücher, die sich durch viel Sendungsbewußtsein und wenig Wahrheitsgehalt auszeichnen. Doch das gibt es bei vielen anderen Themen auch, und die Spreu vom Weizen trennen zu können, ist nicht nur für diesen Bereich wichtig! Es ist die Grundlage für ein erfülltes Leben überhaupt (eine Anleitung hierzu gibt Ihnen unser Meditationsbuch: „Jesus Christus ist unsere Mitte“). Viele Christen machen ohnehin den Fehler, daß sie vor lauter Angst, ja nichts Falsches zu tun, überhaupt nichts lesen, was nicht den Stempel ihrer Gemeinschaft trägt! Und wenn doch, dann wehe dem Buch, das auch nur einen Satz enthält, der ihnen nicht genehm ist! Sofort ist alles schlecht, teuflisch, esoterisch und „New Age“, das neue Modewort der wiedergeborenen Inquisition!

Jesus sagt: „Prüfet alles und behaltet das Gute!" Völlig unbekannter Satz? Nahezu alle christlichen Gemeinschaften nehmen sich die Sätze aus der Bibel heraus, die ihnen genehm sind und verarbeiten sie zu einer doktrinären Lehre, und manchmal ist wahrer Forschergeist vonnöten, um darunter das eine Gebot von Jesu zu finden, das er kennt:

Liebe!

Das ist auch der Grund, warum im christlichen Lager so viele, teils völlig verschiedene Glaubensrichtungen existieren. Schon zur Zeit der Christenverfolgung unter Nero, als Christus ja fast noch in Sichtweite war, kursierte der makabre Scherz, man brauche keine wilden Tiere im Zirkus auf die Christen zu hetzen, man müsse nur die verschiedenen Lager gemeinsam in die Arena bringen, und sie würden sich gegenseitig zerfleischen!

Liebe?

„Prüfet alles und behaltet das Gute!"

Wenn Sie etwas lesen, dann lassen Sie sich von Ihrem Gefühl leiten! Nehmen Sie das Buch in die Hand, schließen Sie die Augen und fragen Sie sich, ist das Buch überhaupt geeignet für mich. Es ist bei weitem nicht alles falsch, was wir momentan nicht verstehen können!

„Vieles hätte ich euch noch zu sagen, aber ihr könntet es heute nicht verstehen!" Wie oft machen wir Jesus noch zum Lügner? „Alles hat seine Zeit", lautet dieser Satz in den östlichen Lehren, und vielleicht verstehen Sie vieles morgen, was Ihnen heute fremd, ja falsch vorkommt!

Unbestritten gibt es viele Bücher und Lehren, die dem Dunkeln entstammen und uns zu ihm hinziehen sollen, oft auf den ersten Blick nicht sichtbar, wahre Wölfe im Schafspelz! Doch kann man ihre Schwingung fühlen und lernen, ihre Herkunft zu spüren. Und nicht jeder Satz, den wir nicht verstehen, ist deshalb schon schlecht und auch nicht jedes Buch, das Gedanken enthält, die wir (momentan) nicht nachvollziehen können. Sie werden auf der Welt nichts Perfektes finden! Auch kein perfektes Buch, auch keine perfekte Lehre, dafür ist der Einfluß des Bösen hier viel zu groß! Ein sehr gutes Buch, eine sehr gute Lehre wird vielleicht 80 Prozent Wahrheit enthalten, ein gutes vielleicht 50! 100 Prozent werden Sie vergeblich suchen! Dies ist auch gar nicht nötig, denn zweimal 50 gibt auch 100! Erbitten Sie von Jesus den Geist der Unterscheidung und lernen Sie, auf Ihre innere Stimme zu hören, und Sie werden Ihren Weg finden! Und es wird ein schöner Weg werden!

Wir haben drei Möglichkeiten:

Wir können uns auf die Seite des Bösen stellen! Das heißt durchaus nicht nur Krieg, Terror, Folter, Mord, das heißt zuallererst, schlecht und abschätzig über andere zu denken und zu reden! Überall das Schlechte sehen, richten und urteilen, verurteilen und vor-urteilen, andere mit unseren Geschäften übers Ohr hauen, ruinieren. Viele Geschäfte werden heute so betrieben, viele Familien, viele „Nächste" so behandelt!

Wir können uns in einem „neutralen" Bereich bewegen, niemandem etwas Böses tun - aber auch nichts Gutes, an uns denken, gut leben, Geld, Macht und Besitz anhäufen und „den Herrgott einen guten Menschen sein lassen".

Wir können aber auch versuchen, gut und glücklich zu leben, in allem das Schöne sehen, Gott danken für jeden Baum, *jeden Schmetterling, jeden Sonnenstrahl, und dieses Glück weitergeben, mit unseren Nächsten teilen!*

Aufpassen!

Glück weitergeben kann nur der, der sich zuerst selbst Glück geschaffen hat! „Liebe deinen Nächsten wie dich selbst", das ist das einzige (!) Gebot, das uns Jesus gegeben hat! Und es enthält alles! Alles! Es sind nur zwei Dinge: Wie dich selbst, und deinen Nächsten!

Wie dich selbst, das heißt: lieb' dich zuerst einmal selber! Anerkenne dich als herrliche, vollwertige und jedem anderen gleichwertige Schöpfung des Vaters! Alles andere ist Gotteslästerung! Ja, Gotteslästerung! Denn Sie unterstellen Gott, in Ihnen etwas Minderwertiges erschaffen zu haben! Dafür gebe es nur drei mögliche Gründe:

Aus purer Willkür (Ungerechtigkeit), aus Unfähigkeit oder aus Nachlässigkeit! Welches davon wollen Sie Gott vorwerfen? Also, dann erheben Sie sich doch endlich aus Ihrem künstlich angehäuften Staub! Es ist keine Demut, sich vor Gott als der letzte Dreck zu sehen, es hat doch nichts mit Demut zu tun, wenn ich als kleines verängstigtes Staubkorn meine Knie vor Gott beuge! Genausowenig wie es Demut ist, wenn eine Maus zum Elefanten sagt, bitte tritt nicht auf mich drauf, ich geb' ja zu, daß du größer bist als ich! Demut ist, wenn ich im Vollbewußtsein meiner Größe, im Vollbewußtsein meiner göttlichen Abstammung und meiner Ebenbildlichkeit Gottes und im Vollbewußtsein meines freien Willens, den ich zwar von Gott erhalten habe, mit dem ich Gott aber ewig trotzen und Ihn ablehnen könnte, wenn ich im Vollbewußtsein dieser meiner Macht vor Gott hintreten und sagen kann: „Schau, all das lege ich Dir zu Füßen! Alle Macht, die Du mir gegeben hast, gebe ich Dir aus freien Stücken zurück! Und meinen freien Willen ersetze Du bitte durch Deinen!"

Echte Demut setzt immer Größe voraus! Die Kirchen haben es glänzend verstanden, den Menschen klein zu machen, ihn zu „Staub" zu degradieren! Erst das hat ihnen diese unumschränkte Macht gewährt, die sie jahrhundertelang unangefochten ausgeübt haben, und die heute wie ein Kartenhaus zusammenfällt, weil sie auf den Sand der Macht, statt auf den Fels der Wahrheit gebaut haben!

Liebe dich selbst! Das heißt zuallererst, erkenne deine Größe, du Ebenbild Gottes! Erkenne deinen wahren Wert! Jesus bezeichnet uns als Brüder und Schwestern! Und Er meint es ernst damit! Es ist auch eine Beleidigung Jesu, wenn wir uns als arme Würstchen ansehen, denn Geschwister sind sich in der Regel ähnlich! Also erkenne endlich deine wahre Größe! Und dann liebe dich!

Freue dich, daß es dich gibt und tu' dir Gutes! Gönn' dir schöne Stunden und genieße sie, gönn' dir Ruhe und Frieden, leiste dir Schönes! Schaffe dir Glück!

Das westliche Christentum hat das Leiden zum Prinzip erhoben! Leiden wird mit Gottgefälligkeit gleichgesetzt! Einer der ganz kapitalen Irrtümer!

„Nimm dein Kreuz und folge mir nach!", auch eines der falsch interpretiertesten Worte Jesu! Er sagt doch nicht: Schaff' dir ein Kreuz! Er sagt: „Nimm dein Kreuz!" Das, das du hast! Das reicht! Schaff' dir doch nicht selber noch mehr Leid! Wieso denn! Ich will doch, daß du glücklich bist, denn „mein Joch ist leicht"! „Ich bin gekommen, um den Armen die Frohe Botschaft zu verkünden und den Gefangenen die Freiheit!" Trauer und Leid sind doch keine Frohe Botschaft,

und befreien wollte uns Jesus von allem, in dem wir gefangen sind, von unserem Egoismus, von unserem Hängen an allem Möglichen und gerade auch von Krankheit und Leid.

„Gehe hin und sündige nicht mehr"! Auch für Jesus ist die Ursache für Krankheit und Leid die Sünde, unsere Abkehr von Gott und die zwangsläufig dadurch entstehenden Fehler! Und genau daraus will uns Jesus befreien! Er hat uns nicht das Leid gebracht, Er hat uns den Weg gezeigt, der uns aus unserem selbst geschaffenen Leid herausführt! Das Joch, unter das wir uns gestellt haben, das Joch des Egoismus, des Konsumzwangs, der Lieblosigkeit, Streß, Besitzzwang, Hobbys, dieses Joch ist schwer, und viele brechen darunter heute zusammen. Jesus hat für uns ein leichteres Joch. Es ist eben gerade kein schweres Kreuz, das Er uns bringt, sondern eines, das wesentlich leichter zu tragen ist als unsere selbst gebauten! Jesus ist nicht der, der uns das Kreuz bringt, sondern der, der uns von unserem verkehrten, unnötigen und oft so belastenden Kreuz erlösen will!

„Solange ich in der Welt bin, bin ich das Licht der Welt!" Die Dunkelheit setzt uns zu, macht uns angst, depremiert uns, das Licht macht alles leichter, schöner, glücklicher! Jesus will nur eines, daß wir glücklich werden und Ihn und andere an unserem Glück teilnehmen lassen! Doch echtes Glück, das ist innere Zufriedenheit, sie hängt nicht von Äußerem ab! Echtes Glück, das ist die völlige Zufriedenheit mit den Lebensumständen, in denen ich mich momentan befinde, was gewiß auch die Suche nach Verbesserungsmöglicheiten beinhaltet - in einem vernünftigen, überschaubaren und für mich „richtigen" Rahmen. Die meisten reichen Menschen sind nicht glücklich, auch wenn wir sie oft beneiden! Überhaupt ist Neid eines der zerstörendsten Gefühle! Er rangiert

gleich nach dem Haß! Wenn Sie die Schwingung von Neid sehen könnten, würde Ihnen schwarz werden vor Augen - im wahrsten Sinne des Wortes. Es sind dunkle Wolken, die wir mit dem Neid aus unserem Herz entlassen, und wir brauchen uns nicht wundern, daß sie die Welt tatsächlich verdunkeln!

Gott hat jedem seine „Talente" gegeben und möchte, daß wir sie entfalten und damit zufrieden sind! Das ist Glück! Unzufrieden sein und nach den Talenten des anderen schielen - selbst wenn wir sie erreichen könnten, würde es trotzdem kein Glück bedeuten! Aber unsere Talente lassen sich bestens vermarkten und in Frieden, echten Genuß und Glück verwandeln. Wer sein Heil im Leid sucht, wer das fast schon typisch verbissene Gesicht der „Christen" zur Schau trägt, nicht lachen kann, Ernst und Strenge zu seinem Lebensinhalt macht, sich jeden Tag nach neuen Leiden und Krankheiten absucht und gott-gefälliges Leben dadurch verwirklichen will, daß er auf alles Schöne verzichtet und vor allem diesen Verzicht auch von anderen einfordert, der hat Jesus nicht verstanden. Er hat sein Herz so verhärtet, daß Gott keinen Platz mehr darin findet. Er ist „vernagelt", Gott bleibt die Tür versperrt! Er möge sich einmal an die Worte Jesu erinnern: „Wenn du aber fastest, dann mach' kein finsteres Gesicht!" Ja, die Pharisäer haben oft genug mit Fingern auf Jesus gezeigt, diesen „Fresser und Säufer", der das Fasten und so viele ihrer Gebote nicht eingehalten hat! Und Jesus war glücklich dabei. Und mit diesem Glück und dieser inneren Stärke hat Er die Menge begeistert!

Der indische Heilige, Ghandi, wurde einmal von christlichen Missionaren gefragt: „Was können wir tun, um die Inder zum Christentum zu bekehren", und er antwortete: „Sie kennen das Geheimnis der Rose, also duften sie meine Herren!"

Ja! Duften Sie! Jesus sagt es ähnlich: „Gehet hin und verkündet die Frohe Botschaft allen Völkern!“ Und wir tun es! Gründlich! Mit Schwertern und grimmigen Gesichtern! Die Frohe Botschaft? Manchmal könnte man glauben, wir hätten den Verstand verloren.

Sie werden sich erneut fragen, was das alles mit dem Sterben zu tun hat! Nun, ich kann nur bekräftigen, es wird nicht gestorben! Was von uns abfällt, ist der sichtbare, der physische Körper! Er hat uns dieses Leben begleitet, hat uns die Möglichkeit gegeben, hier auf der Erde zu leben und ein großes Stück unseres Weges zu gehen, Erfahrungen zu machen, die wir ohne ihn nicht hätten machen können! Unser geistiger Körper bleibt! Er kann nicht sterben! Es ist heute - auch wissenschaftlich - kein Thema mehr, daß dieser geistige Körper existieren muß. Wer immer noch nicht glaubt, lese die Bücher der Parapsychologie, der Todesforschung oder der östlichen Religionen! Er wird Beweise über Beweise finden!

Was den zweiten Teil betrifft, daß dieser Körper weiterleben muß, dafür können wir uns wieder an die Physik wenden! Energie und Schwingung (und ein geistiger Körper ist Schwingung) läßt sich nicht vernichten! Das geht nicht! Rein physikalisch nicht! Auslöschung gibt es nicht, ist nicht möglich, nur Umwandlung und Verwandlung! Genau das ist Sterben! Wer in der Lage ist, sich bewußt von seinem Körper zu lösen, kann diesen Vorgang schon zu Lebzeiten erleben (und das sind gar nicht so wenige)! Für alle anderen wird dies eine neue Erfahrung sein, die weit weniger dramatisch verläuft, als es für Außenstehende oft den Anschein hat! Todeskampf, das ist das Aufbäumen des physischen Körpers, von dem das „Bewußtsein“ des geistigen Körpers bereits in Ablösung begriffen ist! Und dann? Nun, dann geht's weiter!

Genauso wie vorher - nur ohne Maske! Keine prestigeträchtigen Autos, keine Modellkleider, kein Make up, kein Parfüm, wer stinkt, der stinkt! Ganz einfach! Die Kleider gehören zu uns selbst, sie sind Teil unseres Selbst, wollen wir bessere, müssen wir uns bessern! Ganz einfach! Wissen sie, wieso Jesus so oft vom Richten gesprochen hat? „Nicht ich richte, wer nicht an mich glaubt, ist schon gerichtet." Es wird niemand kommen und richten, schon gar nicht so, wie wir „richten" verstehen. Richten heißt zuallererst: richtig machen! Und Gott hat Seine Schöpfung „richtig" gemacht, gerecht! Auf der Erde läuft vieles nicht richtig, vordergründig und mit unseren kurzsichtigen Augen betrachtet. Doch erstens wird es im ganzen Universum wohl kaum mehr einen Planeten geben, wo sich der freie Wille des Menschen so ungestört austoben darf, und zweitens ist die Erde, beziehungsweise das Leben auf der Erde nur ein winziger Ausschnitt aus unserem gesamten Leben! Obwohl auch vieles auf der Erde schon „gerichtet" wird, ohne daß wir es merken, danach wird's auf jeden Fall „richtig" gemacht. Wie? Ganz einfach! Nehmen Sie doch einmal einen „erfolgreichen" Geschäftsmann, einen von der Sorte, die „über Leichen gehen", der ohne jedes Mitgefühl seine Angestellten schindet und ausnimmt, mittels geschickter Intrigen Mitbewerber aus dem Markt wirft, seine Geschäftspartner ohne mit der Wimper zu zucken übervorteilt, ruiniert. Nehmen Sie ihm seinen Reichtum, sein Auto, seine Macht und seine elegante Kleidung. Schicken Sie ihn in ein Land, dessen Vegetation seinem Charakter entspricht: kalt, hart, ohne Leben und Liebe, und das nur von Seinesgleichen bewohnt ist! Können Sie sich vorstellen, wie es da zugeht?

Oder nehmen Sie einen, dem ein anderer Mensch gar nichts bedeutet, ein kaltblütiger Mörder, einer der andere foltert und sich an der Qual der anderen ergötzt. Können Sie sich die Landschaft vorstellen, in der solche Menschen „drüben" leben werden? Können Sie sich vorstellen, wie es zugeht, wenn diese Menschen alle beieinander leben müssen? Sich nicht entkommen können? Wenn die Qualen, die sie sich gegenseitig zufügen, nicht zum erlösenden Tode führen, nur den Haß vermehren? Ja, das ist die Hölle! Nicht bildlich, nicht im übertragenen Sinn, nein, wirklich und echt!

Können Sie sich vorstellen, daß ich gerne Jesu Rolle als „Tempelaustreiber" übernehmen würde, wenn wieder einer sagt, Gott hätte die Hölle erschaffen, und wer drin ist, bleibt drin! Wenn irgend jemand irgend etwas nicht kann, dann Gott eine Hölle erschaffen! Ganz im Gegenteil! Wie sehr muß Gott unter dieser Bosheit leiden, die Seinem Wesen so fremd ist, und die doch Er ins Leben gerufen hat, indem Er uns einen freien Willen gab! Und genau das macht mich so sicher, daß Er alle, alle wieder zu Sich führen wird, auch wenn Zeiträume dafür nötig sind, für die wir nicht einmal die Namen kennen.

Wäre es nicht denkbar, daß Gottes Engel überall sind, wirklich überall, daß sie selbst in diese Hölle gehen, um bei der kleinsten Gemütsregung dieser Menschen, dem kleinsten Funken von Reue oder Vergebung, dem kleinsten Hoffnungsschimmer sofort zur Stelle zu sein, um diesen Menschen den Weg zu zeigen, der sie herausführen kann aus ihrer selbstgebauten Hölle?

Ich kenne Gottes Plan nicht! Aber ich weiß eines sicher: Es muß um eine unvorstellbar große Sache gehen. Wir sind nicht erschaffen, um auf einer Wolke Halleluja singend Gott die Ewigkeit zu versüßen. Ich verweise wieder auf mein Buch „....von wegen Hölle", in dem dieses Thema ausführlich abgehandelt ist. Nur ein Tyrann nimmt für seinen Zeitvertreib so viel Leid in Kauf, ein liebender Gott am allerwenigsten! Um Sein hohes Ziel zu erreichen, hat Gott uns mit einem freien Willen ausgestattet, wohl wissend, daß sich viele gegen Ihn stellen werden. Er hat es in Kauf genommen. Er kann warten. Er hat Zeit. Aber Er kann es nicht in Kauf nehmen, daß ein Teil nicht mehr zu Ihm zurückkehrt. Er wird alles in Seiner Macht stehende tun, uns alle zu Sich zurückzuholen. Wir sind ein Teil von Ihm! Was in uns lebt, ist Sein Geist, Sein „Odem", wie es die Bibel nennt! Gott wird immer „ganz" sein, Er umfaßt ja alles, auch die, die Ihm entgegenstehen, das ist ja das Paradoxe! Und trotzdem bin ich sicher, daß Er erst vollendet ist, wenn auch der letzte mit Seinem Willen wieder vereint ist! Jesus sagt es uns doch selber: „Wenn ich am Kreuz erhöht bin, werde ich alle an mich ziehen!" Alle! Nicht alle Christen oder alle Gerechten oder sonst was, nein, schlicht und einfach alle! Und ich bin sicher, Er wird es! Da wird von Evangelisieren gesprochen und von evangelikal, von bibeltreu und was weiß ich noch alles, wir kennen sämtliche Höllenmärchen aller Heiligen und Unheiligen auswendig, aber die einfachsten und klarsten Sätze Jesu, die kennen wir nicht - oder glauben wir nicht, weil sie nicht in unser Konzept passen! Es ist schon ein Kreuz mit einem solchen Gott, der partout nicht tun will, was wir Ihm vorschreiben!

Ein Gang durch die Geschichte fördert viel zum Verständnis dieser Situation zutage. Jede Hochkultur war in ein ausgeprägtes religiöses Leben eingebettet. Entweder hatten Priester oder Priesterkönige die Macht, wie in Ägypten zum Beispiel, oder sie bildeten einen gleichberechtigten und gleichgeachteten Gegenpol zu den weltlichen Königen, wie zum Beispiel bei den Kelten. Und immer war der Niedergang einer Kultur begleitet von einem Verfall der Religiosität, und immer war die Ursache dieselbe: Korruption, Egoismus, Machtbesessenheit! Entweder griffen die weltlichen Herrscher nach der Religion, oder die religiösen Führer wollten sich auch noch die weltliche Macht einverleiben. Es entwickelten sich Personenkulte wie bei den römischen Kaisern, denen es nicht mehr genügte, daß durch sie die Götter verehrt wurden, sie wollten selber Götter sein! Ja, und Überheblichkeit wurde schon immer bestraft, wenn auch nicht immer sofort. Ziemlich ungeschoren kamen bisher über Jahrtausende hinweg Hinduismus und Buddhismus davon, da sie als sogenannte „Selbsterlösungsreligionen" ein völlig anderes Verhältnis zu ihren Göttern haben! Durch eine Unzahl wiederholter Erdenleben muß sich der Mensch selbst erlösen, ohne Hilfe der Götter. Das geht nur dadurch, daß er stets versucht, Gutes zu tun. So hängen auch die Umstände seines nächsten Lebens ganz von seinem jetzigen Leben ab. Hilfsbereitschaft, Demut und Liebe sichern ein Leben in angenehmen Bedingungen, Härte, Unterdrückung, Egoismus werfen ihn weit zurück, und seine Lebensbedingungen werden entsprechend schlecht sein. Nicht in einem nebulösen Jenseits, nein, ganz konkret im nächsten Leben hier! Und die Hoffnung, daß er mit Beichte, Bußgottesdiensten, Ablässen oder zweieinhalb Vater unser pro Monat Gott den Himmel abtrotzen kann, gibt es auch nicht!

Das Christentum hat sein Überleben vor allem zwei Faktoren zu verdanken: Im Großen einem beispiellosen Intrigenspiel, das die weltlichen Mächte teilweise geschickt gegeneinander ausspielte, teilweise mit ihnen paktierte, sich zeitweise an ihre Stelle setzte und mit einem Gemisch aus Unterdrückung, Angst und Solidarität sich die Massen sicherte. Der „Freiheit" einer französischen Revolution und der darauffolgenden Zeit der Aufklärung waren diese Instrumente nicht mehr gewachsen, auch wenn die Dogmatik in ihren Rückzugsgefechten noch viele Blüten treiben sollte. Lediglich die Angst vor der Hölle und die Hoffnung auf den versprochenen Himmel sorgen neben der Tradition noch für ansehnliche Mitgliedsstatistiken.

Die zweite Säule hat immer schon ein Schattendasein geführt. Mißtrauisch beäugt und wenn nötig brutal bekämpft waren die Mystiker schon immer der Stachel im Fleisch der allzu fetten Amtskirche. Doch ist gerade dieser mystische Zweig bis heute der Garant für den Erhalt des Christentums und wird es immer bleiben! Denn die Mystik hat das Einzigartige der Lehre Jesu entdeckt, das keine Religion der Welt sonst kennt und das echtes Christentum so wertvoll macht: Bedingungslose Liebe! Eine Liebe des Schöpfers zu Seinen Geschöpfen, die einzigartig ist! Die Aussage aller Mystiker ist klar und einfach:

Gott ist Liebe! Liebe! Liebe!

Dabei sind es gerade die Mystiker, die sich am tiefsten in das Wesen Gottes hineinversetzen können, die Sein Ringen um die „verlorenen" Seelen spüren können, Sein Leiden unter der Bosheit der Menschen, und dies oft genug selbst durchleiden „dürfen", und die trotzdem wie aus einem Munde sagen: Gott ist Liebe, Friede, Glück! Die ganze Geschichte hindurch, auch in den dunkelsten Zeiten der Kreuzzüge, der Inquisition, der Abschlachtung der Afrikaner und Südamerikaner, der vielen Glaubenskriege, immer hat es diese Menschen gegeben, die wußten: Gott ist Liebe - sonst nichts. Sie haben nicht gefragt, sie brauchten keine Antworten, sie mußten sich auch nicht wehren gegen die offiziell verkündete Härte Gottes, sie wußten in ihrem Innersten, Gott ist Liebe, und da ist Angst fehl am Platz! Sie wußten, Er ist gerecht, Er macht alles richtig, alles! Ganz von alleine! Es ist nicht nötig, daß ich die Einzelheiten weiß! Da gibt es auch keine Angst vor dem Sterben. Jeder, der diese Liebe Jesu in sich aufgenommen hat, weiß, daß er sich blind auf Ihn verlassen kann, und daß Er immer nur das Beste für ihn tut. Wer sich so bedingungslos dem Willen Gottes überlassen kann, der erlebt so viel Führung, so viel Liebe, so viel Wunder, der braucht nicht zu fragen, wie es nach dem Sterben weitergeht, er weiß, es wird schön! Ich kann Ihnen nur raten, lassen Sie sich auf dieses Abenteuer ein. Es beginnt damit, daß Sie sich eines Morgens hinstellen und sagen:

„Lieber Gott, gib mir die Gnade, stets Deinen Willen in mir zu spüren und die Kraft, stets Deinen Willen zu tun!"

Und dann gehen Sie her und übertragen Sie alles, was Sie tun, Ihrem Schutzengel! Fragen Sie ihn bei all Ihren Entscheidungen um Rat! Sie werden staunen, wie schnell Sie die Antworten spüren können und wie genau alles stimmt (siehe unser Meditationsbuch: Jesus Christus ist unsere Mitte)! Wenn Sie diese liebevolle Führung erfahren dürfen, und wenn Sie dann all die Freuden, all das Glück betrachten, das Ihnen daraus erwächst, dann brauchen auch Sie keine Antwort mehr für das Leben nach dem Tod, egal wie es auch aussieht, es wird schön werden!

Es gibt auf der ganzen Welt keinen Gott mehr, der eine solche „Affenliebe" zu Seinen Geschöpfen entwickelt, der die Friedfertigkeit, bedingungslose Gewaltlosigkeit und eine alles umfassende Nächstenliebe so konsequent verkündet wie Jesus! Und wer das Neue Testament aufmerksam und unvoreingenommen liest, merkt trotz aller Verfälschungen, die bereits in frühen Jahren Macht und Angst zementieren sollten, daß die Höllenmärchen und alles Fürchte-Gott-

Gerede an Seiner Liebe abprallen wie Regentropfen am Fenster! Mit einzelnen Sätzen oder gar aus dem Zusammenhang gerissenen Zitaten muß ich Jesus zwangsläufig falsch verstehen! So wie der Hl. Hieronymus, der im Zusammenhang mit den frühen Bibelabschriften das Wort „gotteslästerliche Fälscher" gebraucht (siehe „...von wegen Hölle"), so läßt Gott bereits im Alten Testament den Propheten Jeremias verkünden: „Ihr dünkt euch weise und glaubt im Besitz der Wahrheit des göttlichen Wortes zu sein. Ja! Der Fälschergriffel der Abschreiber hat die Wahrheit in Lüge verdreht."

Eine besonders gemeine Fälschung wurde übrigens erst in unseren Tagen auf Drängen des feministischen Lagers in den Schöpfungsbericht eingebaut, wo es heißt: „Und Gott erschuf den Menschen, als Mann und Frau erschuf er ihn!" Jawohl! Ihn! Mann und Frau gehören nämlich zusammen, sie sind eine Schöpfung: „Und die Zwei werden ein Fleisch sein!" Die viel geschmähten Esoteriker wissen das längst! Aber heute paßt das vielen nicht mehr ins Konzept! Und nun heißt es „sie"! Als Mann und Frau erschuf er sie! Gute Argumente gibt's natürlich auch dafür! Und wenn sie nicht sofort mit ihrer Kritik aufhören, dann wird's eben zum Dogma erhoben! Punktum!

Bliebe „nur" noch die Frage: Was ist nun eigentlich der Mensch, woher kommen wir, wohin gehen wir, wer sind wir.

Schon die ältesten Religionen waren sich einig: der Mensch lebt ewig. Er ist von Gott ausgegangen und kehrt zu Ihm zurück. Die Menschen damals brauchten dazu weder Physik noch Parapsychologie, sie konnten noch „sehen" und sich zwischen den Welten bewegen! Die alten Bücher legen ein beredtes Zeugnis dafür ab, vor allem, wenn man sie nicht Buchstabe für Buchstabe liest, sondern ihren „Geist“, ihre Botschaft zwischen und hinter den Zeilen erfühlen kann. Auch der erste christliche Mystiker, Johannes, läßt am Beginn seines Evangeliums diese Weisheit aufblitzen. Unterschiedlich ist vor allem der Grad der Göttlichkeit, den die einzelnen Religionen dem Menschen zubilligen! Dabei reicht die Spanne von sogenannten pantheistischen Religionen, wo erst die Gesamtheit aller Wesen, allen Seins, Gott ergibt, bis zur völligen Abtrennung von Gott und Mensch. Die Ägypter beispielsweise gehören dazu, für die der Mensch nur erschaffen wurde, um den Göttern Tempel zu bauen und Opfer zu bringen. Ebenso die Griechen, bei denen es nur ganz wenigen großen Helden gelang, als Halbgötter den Thron zu besteigen. Immerhin hatten die Griechen neben der Hölle bereits so etwas wie eine Mischung zwischen Fegefeuer und Paradies. Den mangelnden Sprachkenntnissen so mancher Übersetzer verdanken wir übrigens unsere Lehre von der Hölle, wobei einige gleich auch noch das Fegefeuer gestrichen haben. Wie viele Kulte der Frühzeit, so nahmen auch die Ägypter ihre Schätze und oft ganze Dienerschaften mit ins Grab, so materiell stellten sie sich das Jenseits vor. Bei den Griechen entwickelte sich bereits der Glaube an die Reinkarnation, also ein erneutes Leben auf der Erde. Auch unseren Vorfahren war die Reinkarnation nicht unbekannt, allerdings nicht immer als allgemeines Gedankengut, immer aber als geheimes Wissen der Druiden und anderer Eingeweihter. Die Domäne der Reinkarnation sind die östlichen Religionen Buddhismus, Hinduismus, Shintoismus und andere mehr. Dort existiert kein eigentliches Jenseits, dieses ist nur Zwischenstadium für das nächste Erdenleben, wobei Zahlen bis zu einer Million und mehr Erdenleben genannt werden, im Verlauf derer sich die Seele soweit reinigt und durch Meditation und Askese Urteilsvermögen und Bewußtsein so schärft, daß sich am Ende im „Nirwana" die Seele mit Gott vereinigt, dabei aber ihre Identität verliert! Von den heutigen Religionen steht einzig das Christentum und der von Mohammed davon abgeleitete Islam dagegen, die die Reinkarnation ablehnen und dieses eine Leben über die Ewigkeit entscheiden lassen. Immerhin gibt es im katholischen Glauben und einigen anderen noch ein Fegefeuer, das doch vielen noch den Weg zum Himmel offenläßt, andere müssen, wie oben bereits erwähnt, auch darauf verzichten. Am Ende des Lebens wird abgerechnet. Wie das geht, hat mir ein Pater einer streng konservativen Glaubensrichtung neulich erklärt:

Am Jüngsten Tag wird über alle Menschen verhandelt. Vor ihnen sitzt Jesus auf der einen Seite und Satan auf der anderen, und dann wird abgerechnet: der zu mir, der zu dir! Ich konnte ihn in seinem Fanatismus nicht einmal zu der Einsicht bewegen, daß es schlicht und einfach gar nicht möglich ist, daß Gott neben dem Teufel sitzt! Wie sollte der das auch aushalten! Genausogut könnten Sie einen Eisblock neben die Sonne stellen! Doch ist dies die Lehre der Kirchen über Jahrhunderte hinweg gewesen, und sie existiert zumindest hinter vorgehaltener Hand auch heute noch, wenn es auch inzwischen viele junge Priester gibt, die sich die wahre Liebe Gottes auf ihre Fahnen geschrieben haben. Jesus sagt: „An ihren Früchten sollt ihr sie erkennen!"

Auch bei den Christen wird es schwierig, eßbare Früchte zu finden, und die stammen in der Regel von denen, für die die Hölle kein Thema ist, die Gott schon immer zutrauten, daß Er groß genug ist, jeden Menschen zu retten, und die Einzelheiten dafür gerne Ihm überlassen. Eine Mutter Theresa zum

Beispiel, deren Leben aus Liebe und Hilfe besteht, die ausdrücklich nicht bekehren will und in ihren Sterbehäusern Mohammedaner und Hindus nach deren Glauben beerdigt, „weil Gott überall ist"! Oder die Missionare, die in erster Linie helfen, Armut, Leid und Not zu lindern, und über unsere Vorstellungen vom strafenden und richtenden Gott nur den Kopf schütteln können! Das sind die Früchte nach dem Geschmack Gottes, im Gegensatz zu den vielen Millionen Menschen, die in Kreuzzügen und Glaubenskriegen ihr Leben verloren haben, die in den „Heiligen Feuern" der Inquisition vor ihrem Tod noch mit dem Kreuzzeichen gesegnet wurden, oder die Kanonenkugeln, die mit deutschem Segen hinüber und mit französischem wieder zurückflogen, die Inkas, die ihm „im Namen Gottes" mit zerschnittener Kehle zu Füßen gelegt wurden als lebendiger - oder besser toter - Beweis für die konsequente Umsetzung der „Frohen Botschaft"? Wir Christen sollten sehr vorsichtig sein, wenn wir über andere Religionen die Nase rümpfen oder über „Esoteriker" und „New Age" eine neue Inquisition starten! Wenn Jesus heute auf die Welt kommen würde, würde Er als Christ kommen? Wenn ja, in welcher der vielen hundert christlichen Gemeinschaften? Man erzählt sich, daß Jesus nicht nur dreimal, sondern viermal vom Teufel versucht wurde. Die vierte Versuchung bestand darin, daß Ihm der Teufel den Zustand der Christenheit im zwanzigsten Jahrhundert vor Augen führte und Ihn fragte: „und dafür bist Du bereit zu sterben?" Müßte uns Jesus nicht als erstes Sein Gleichnis erzählen vom Splitter im Auge des anderen, aber Balken im eigenen? Könnte Er nicht das gemeint haben, als Er sagte: „Wenn dich dein Auge daran hindert, in den Himmel zu kommen, dann reiß es aus!" Geschlechtliche Versuchung hat Jesus jedenfalls nicht damit gemeint, wie es uns die christlichen

Reinheitsfanatiker vormachen wollen! Reinheit war für Jesus immer eine Reinheit des Herzens! Und die erhalten wir zuallererst dadurch, daß wir den Balken im eigenen Auge erkennen und uns am Splitter des anderen nicht stören! Es sind die eigenen Fehler, die Jesus uns bittet, zu erkennen und abzustellen. Über die anderen hat Jesus nie den Stab gebrochen. Mit Teufelsbrut hingegen bezeichnete Er die Pharisäer, die stets an allem etwas auszusetzen hatten, richteten, urteilten und verurteilten!

„Richtet nicht, daß ihr nicht gerichtet werdet!" Wann endlich nehmen wir Seine Worte ernst, wann endlich hören wir auf, uns an den wenigen Äußerungen Jesu festzubeißen, die als Härte mißverstanden werden können, vor allem, wenn sie aus dem Zusammenhang gerissen werden? Was ist das für ein traumhaftes Wort Jesu: „Richtet nicht, daß ihr nicht gerichtet werdet!" Es liegt in eurer Hand! Laßt doch die anderen in Ruhe, bringt euer Haus in Ordnung, kehrt vor eurer eigenen Tür! Und Jesus setzt noch eins drauf: „Mit dem Maß, mit dem ihr anderen zuteilt, wird auch euch zugeteilt werden!" Und was machen wir? Richten, urteilen, ver- und vorurteilen! Kontrollieren Sie einmal Ihre Gedanken! Wie oft sind sie bei anderen? Nicht in Liebe, nicht um sie mit Gedanken der Liebe in Gottes Licht einzubetten, nein, wir haben immer irgend etwas auszusetzen und abzuwerten!

Manchmal habe ich das Gefühl, es ist wesentlich einfacher, einen „Ungläubigen" vom ewigen Leben zu überzeugen, als einen „Gläubigen" von der Liebe Gottes! „Richtet nicht....", das ist Jesu Antwort auf unsere Frage nach dem Sterben, nach unserem Jüngsten Tag hier auf Erden und auf unsere Angst, gerichtet zu werden. „Richtet nicht...", ganz einfach! Die Liebe Gottes trägt euch doch! Aber sie kann euch nur soweit tragen, wie ihr euch von ihr tragen laßt! Gott zwingt niemanden! So wie das Wasser euch trägt, bis ihr in eurer Verbohrtheit dem anderen das Wasser abgrabt und der Sog euch mit hinunterzieht! Wer hat euch erlaubt, zu richten, zu urteilen, auch nur über ein einziges Meiner Geschöpfe zu urteilen oder gar den Stab zu brechen? "Ihr Schlangenbrut..."! Versetzen Sie sich doch einmal in die Lage Gottes! Auch diese blöde Kuh von Nachbarin hat Er erschaffen und den Idioten, der Ihnen gerade die Vorfahrt genommen hat, genauso wie den gottlosen Maier, der eh nie in die Kirche geht - geschieht ihm grad recht, daß sich seine Frau scheiden läßt. Auch diesen undurchsichtigen „New Age'ler", von dem ich sowieso nicht weiß, was er eigentlich glaubt. Ja, im Richten sind wir Christen Weltmeister, dabei will Jesus außer Seinem Liebesgebot nur eines von uns: „Gehet hin und verkündet die Frohe Botschaft..."! Verkünden! Nicht abmurksen, verdammen, reinprügeln! Verkünden, und den Rest Gott überlassen! Die Steine, die unseren Weg säumen, wenn wir „rüberkommen", das sind unsere Verstöße gegen die Liebe! „Richtet nicht!" Jesus will uns nicht trösten! Er will uns die Augen öffnen für die Wahrheit. Wenn wir die erkannt haben, braucht uns niemand mehr zu trösten, Wahrheit schließt jede Angst aus! Doch was tun wir? Vor lauter Angst vor unserem selbst gebauten Fürchtegott trauen wir uns nicht zu sterben! Wir haben einen Gott gezeichnet, der unseren verhärteten Herzen gleicht. Statt uns Gott gleich zu machen, haben wir versucht, Gott uns gleich zu machen! Davor allerdings fürchten wir uns mit Recht! Und vor lauter Angst, ja nichts falsch zu machen, verhalten wir uns genauso wie der arme Kerl im Gleichnis, der sein Talent vergraben hat, weil er wußte: „...daß du ein gestrenger Herr bist!" Natürlich ist Gott streng! Wahre Liebe hat nichts mit Verhätscheln zu tun, und antiautoritäre Erziehung ist keine Erfindung Gottes! Gottes Liebe will - und wird - uns zu dem erziehen, was Gott seit „Anbeginn der Zeiten“ in uns angelegt hat! Keiner ist in dieses Ziel hineingeboren worden! Wir alle haben einen Weg zu gehen, müssen lernen und uns entwickeln! Talente vergraben ist eine der „Todsünden“ auf diesem Weg - genauso wie Neid und Richten! Fehler machen dagegen ist nicht nur erlaubt, sondern notwendig: „Aus Fehlern wird man klug“, ist nicht nur eine menschliche Weisheit. Auch Gott gesteht uns Fehler zu, soviel wir wollen. Er legt es im wahrsten Sinne des Wortes in unsere Hände: „Mit dem Maß, mit dem ihr anderen zumeßt, wird auch euch zugemessen werden!“ Also lassen wir doch andere auch ihre Fehler machen, je mehr wir ihnen zugestehen, je mehr wird Gott auch unsere Fehler nachsehen! Schöner geht's doch gar nicht mehr! Doch was machen wir? In unserer Borniertheit machen wir dieses Leben ewigkeitsentscheidend und gestehen uns damit keine Fehler mehr zu! Gebote halten, nicht nach links und rechts schauen, kein ketzerischer Gedanke, von niemandem etwas aufschwätzen lassen. Frei nach dem Militärwitz: „Wer viel arbeitet, macht viele Fehler, wer wenig arbeitet, macht wenig Fehler, wer nichts arbeitet, macht keine Fehler, und wer keine Fehler macht, wird befördert!“ Ja nur keine Fehler machen! Das eine Talent, das uns Gott gegeben hat, tief vergraben, damit es niemand stehlen kann! Für wie dumm halten wir Gott eigentlich? Wenn Jesus von uns will, daß wir mit unseren Talenten wuchern, daß wir sie für Ihn einsetzen, dann weiß Er doch auch, daß wir dabei zwangsläufig Fehler machen müssen, und so gibt Er uns auch die Zeit, Verluste wieder aufzuholen. Nicht nur in diesem Leben, in der ganzen Ewigkeit! Ich habe in meinem Buch „...von wegen Hölle“ ausführlich bewiesen, daß es selbst-

verständlich eine Hölle gibt (= freiwilliges Getrenntsein von Gott aus Trotz oder Eigensinn), aber niemanden, der ewig drin bleiben muß! Bei der kleinsten Besserung, bei der kleinsten Regung zum Guten, geht die Tür bereits einen Spalt auf! Wie der weitere Weg aussieht, das ist für mich völlig zweitrangig, Gott wird immer noch viel mehr Möglichkeiten parat haben, als wir uns je vorstellen können, Gott sei Dank! Mit Sicherheit wird sich die Ewigkeit nicht im luftleeren Raum abspielen! Gott hat all die unzähligen Sterne und Welten doch nicht erschaffen, daß sie uns den Nachthimmel verschönen! Gott tut nichts Unsinniges, auch wenn es bei Ihm einen Überfluß an allem Schönen gibt, ein Überfließen Seiner Liebe und Freude, die wir uns gar nicht vorstellen können. Alle Sterne und Welten, die Er erschaffen hat, sind lebendig! Wie viele geistige Welten wird es geben, wie vieles, was wir heute nicht sehen können? Wir müssen einmal versuchen, uns eine Vorstellung von der Dimension der Schöpfung Gottes zu machen. 5 Milliarden Menschen leben derzeit auf der Erde - unvorstellbar viel? Nun, allein unser Sternensystem, die Michstraße, enthält über 100 Milliarden Sterne. Bekannt sind inzwischen mehrere hundert Milliarden solcher Sternensysteme, und das dürfte nur ein kleiner Teil des Weltalls sein! Können Sie sich das vorstellen? Und wir halten uns fast schon für den lieben Gott, nur weil wir Staubsauger, Auto und Computer erfunden haben! Der Mensch ist doch nicht die alleinige Schöpfung Gottes, er ist doch nur ein Teil davon. Und alles strebt einem Ziel zu, das ich nicht formulieren kann, ich weiß nur, daß es etwas ganz Großes sein wird, und ich freue mich darauf. Ich glaube, daß alle festgefahrenen Systeme irren im Blick auf die Ewigkeit, beziehungsweise - und das ist ganz wichtig - einen Teil der Wahrheit in sich tragen! Aber eben nur einen Teil!

Auch wenn mich viele dafür steinigen: Ich habe sowieso noch nie verstanden, wie die Kirchen so vehement auf ihrer Ewigkeitsentscheidung am Ende dieses Lebens beharren und sich gegen jede Art der „Lebensverlängerung“ wehren, ob es nun Reinkarnation ist oder ein „normales“ Weiterleben „drüben“! Es läßt sich mit nichts belegen und widerspricht jedem gesunden Menschenverstand, macht Gott unglaubwürdig und gibt auch keinen Sinn, außer einem: Der Garant für ihre Macht käme ins Wanken, denn schlagartig wäre da keine Angst mehr! Doch wo die Angst weicht, da kann sich die Liebe breitmachen, so einfach wäre das!

Keine großen Gedanken mache ich mir allerdings um die Einzelheiten, die sind mir nicht wichtig! Ich weiß, daß die ganze Ewigkeit für meine Entwicklung zur Verfügung steht, ich weiß, daß „ewiges Leben“ ständiges Wachstum bedeutet, ich weiß, daß es keine ewige Verdammnis gibt, daß jeder in alle Ewigkeit die Chance erhält, zu Gott zurückzukehren. Das genügt mir. Ich muß nicht wissen, wo sich dieses Leben im einzelnen abspielt. Da, wo Gott es für richtig hält, werde ich dazu bereit sein!

Der Streit, ob Reinkarnation oder nicht, wie oft, nach welcher Zeit und weiß ich was alles, ist ein Streit um Kaisers Bart. In Wirklichkeit geht es auch nicht um die Reinkarnation! In Wirklichkeit geht es um die ewige Verdammnis, und die Kirchen fürchten - wenn dieser Damm erst einmal gebrochen ist - einen völligen Machtverlust. Wer partout daran festhalten will - ich kann ihn nicht hindern. Doch wird er sich seinen Gott weiterhin selber basteln und die Bibel bis zur Unkenntlichkeit verbiegen müssen, Jesus - und auch die Schriften des Neuen Testaments - geben einen solchen Gott nicht her!

Warum soll es die Reinkarnation nicht geben? Die Ewigkeit wird sich überall abspielen, und überall wird es Möglichkeiten geben, zu lernen und weiterzukommen. Warum nicht mehrmals auf Erden? Daß es auch auf diesem Gebiet vieles gibt, was übertrieben ist, unglaubwürdig oder schlicht falsch? Würde ich alles ablehnen, wo irgendwo etwas nicht richtig ist oder Mißbrauch getrieben wird, es gebe nichts mehr, was ich annehmen könnte!

„Wer von euch ohne Sünde ist, der werfe den ersten Stein!" Der Einzige, der sich diesen Stein hätte leisten können, Er hat ihn nicht geworfen und wird ihn auch in aller Ewigkeit nicht werfen! Und wir? Jesus würde unsere Energie so gerne auf etwas anderes lenken: „Prüfet alles und behaltet das Gute!" Anscheinend sind wir ans Steinewerfen schon so gewöhnt, daß wir zum Prüfen gar nicht mehr kommen. Ja warum denn nicht? Jesus sagt doch nicht, lehnt sicherheitshalber alles ab! Nein! „Prüfet alles..."! Überall steckt etwas Gutes! Nur braucht man dafür die Gabe der Unterscheidung. Ob man die vom Steinewerfen bekommt? Wenn nicht, könnten wir es auch einmal mit Meditation versuchen, uns in der Stille in ein Problem, eine Frage hineinversenken und Gott bitten, uns die richtige Antwort zu geben! Es funktioniert! Garantiert besser als Steine werfen!

Tatsache ist, daß zu Zeiten Jesu der Glaube an Reinkarnation durchaus Allgemeingut war. Doch entweder wollte Jesus solche Auswüchse vermeiden, wie sie heute vielerorts aufblühen (ich kennen allein 3 Leute, die glauben, der Ägypterpharao Tut-ench-Amun gewesen zu sein!), oder es war so selbstverständlich, daß man nicht darüber reden mußte, oder - es ist unnötig, darauf einzugehen, weil es zwar eine Möglichkeit ist, aber eben eine unter vielen! Die Bibel enthält immerhin deutliche Hinweise auf die Reinkarnation, etwa als Jesus gefragt wird, ob Er der wiedergeborene Elia sei, oder als Seine Jünger Ihn angesichts des von Geburt an Blinden fragten, wer gesündigt habe, er oder seine Eltern! „Vieles hätte ich euch noch zu sagen, aber ihr könnt es heute noch nicht verstehen!" Anscheinend verstehen wir immer noch nicht! Auch läßt es sich einfach nicht ignorieren, daß es viele Menschen gibt, die Dinge sehen und fühlen können und Erinnerungen in sich tragen, die anderen verborgen bleiben! Alles als Hirngespinst oder gar teuflisch abzutun, was keinen kirchlichen Stempel trägt, ist recht einfach. Sich damit ernsthaft auseinanderzusetzen, wesentlich schwerer!

Doch das ist nicht wichtig! Weder Reinkarnation, noch sonst etwas! Wichtig ist: Wir leben! Ewig! Und das Leben besteht darin, daß wir uns immer weiter auf Gott hin entwickeln! Wo wir das tun, sollte eigentlich völlig unerheblich sein, ob erneut hier auf der Erde, oder auf anderen Planeten, anderen Welten, geistigen Welten ..., wie soll ich alles erfassen oder beschreiben können, was Gott in Seiner unfaßbaren Größe erschaffen hat. Ich kann nur immer wieder sagen, mir genügt zu wissen: Ich lebe, ewig, Gott liebt mich, ewig, und egal was passiert, egal was ich tue, egal wieviele Fehler ich mache, wie verbohrt oder verblendet ich bin, ich kann Ihn nie dazu bringen, mich nicht mehr zu lieben! Und ich weiß, was Er tut ist richtig, ist gut, ist das für mich optimale, immer hält Er für mich die richtige Wohnung bereit. Natürlich!

„In meines Vaters Haus sind viele Wohnungen!"

Jesus hat doch nicht gemeint, daß Er für jeden ein Zimmer bereithält, das ist doch selbstverständlich! Außerdem hat das Wort, das Jesus hier benutzt, die Bedeutung: „viele verschiedene"! Jedem wird Er die „Wohnung" zuweisen, die für ihn

„richtig“ ist. Er ist der „Richter“! Lassen wir es Ihn doch „richtig“ machen. Gott sei Dank wird es uns nie gelingen, Gott Vorschriften zu machen! Ich bin sicher, daß die Erde etwas Besonderes ist, daß Gotteserkenntnis nirgends so leicht fällt wie hier, so paradox das vielleicht klingen mag, da die Erde wohl am weitesten von Ihm weg ist. Vielleicht gerade deshalb! Ich glaube, daß es auf der Erde möglich ist, einen sehr, sehr großen Schritt zu tun, und Jesus, der Sich durch Sein Leben hier sehr eng an die Erde gebunden hat, wird sehr viel für uns tun können! Der Begriff „Gnade“ ist eines der ganz großen Mysterien des Christentums und widerspricht in keiner Weise der Gerechtigkeit. Denn Jesus hat für die bezahlt, die sich an Ihn binden. Jesus, der selbst östlichen Religionen als großer Prophet gilt, ist der Herrscher unseres Universums und wird übrigens auch von vielen „Sekten“ und Gruppierungen so gesehen, die heute so schnell in den großen New Age - Topf geworfen werden. Daß sie Fehler machen? Sollen sie doch! Das ist ihr gutes Recht! Eine Welt im Umbruch macht immer Fehler, und bevor das Pendel, wenn es losgelassen wird, sich auf „normal“ einpendelt, schlägt es immer zuerst auf die Gegenseite aus, zwangsläufig! Daß sich darin viel Unrichtiges, ja auch Teuflisches tummelt? Soll ich einmal all die Teufeleien des Christentums auflisten?

Esoterik bedeutet ja eigentlich das Innere, den Kern einer Sache und bezeichnet - in jeder Religion - diejenigen, die sich um das wahre Sein bemühen. Wen wundert es, daß die Mystiker als christliche Esoteriker den „kirchlichen Würdenträgern“ zu allen Zeiten ein gewaltiger Dorn im Auge waren. Ist es da verwunderlich, daß zu Zeiten größerer Freiheit viele, die sich mit dem verzerrten Gottesbild der Christen nicht mehr identifizieren können, ihr Heil außerhalb der Kirchen suchen? Auch Jesus konnte Sich mit dem Zerrbild der Pharisäer nicht identifizieren. Er blieb zwar Jude, doch lesen Sie einmal in der Bibel nach, was die Pharisäer über diesen „New Age'ler" Jesus gesagt und gedacht haben!

Vielleicht haben wir Christen das Evangelium Jesu nicht richtig verkündet? Vielleicht war es doch keine „Frohe Botschaft"? Vielleicht haben sich die „Esoteriker" auch nur die Früchte der Christenheit angeschaut und wollten sich damit nicht den Magen verderben? Vielleicht haben sie die Liebe, nach der sie suchen, bei den Christen nicht gefunden? Vielleicht sollten wir uns einmal Gedanken machen, ob es nicht an uns liegt, wenn viele ihr Heil in dubiosen Sekten und Gruppierungen suchen, und in ihrer Unerfahrenheit und manchmal auch geistigen Haltlosigkeit in Bereiche abdriften, die nicht mehr zu vertreten sind! Richten, verurteilen, warnen, verdammen - ja, fällt uns denn sonst nichts ein? Vielleicht läge es an uns, endlich einmal zu „duften"? Noch ein zweiter Spruch ist übrigens von Gandhi überliefert: „Ich würde schon gerne Christ werden, wenn nur diese Christen nicht wären!"

Wenn wir aufhören zu richten, Recht haben zu müssen, dann können wir vielleicht mit den Augen der Liebe vieles anders sehen! Und soeben, gerade noch rechtzeitig bei der Korrektur des Manuskripts, lese ich einen Bericht über den Abschluß der Afrikasynode im Vatikan! Und ich traue meinen Augen kaum:

Der Ahnenkult und das traditionelle Gebet gegen die bösen Geister wird von Rom akzeptiert! Eine Revolution! Aber es kommt noch schöner: „Traditionelle Religionen" werden als „würdige und wichtige Partner" bezeichnet, deren Anhänger „Achtung verdienen". Sie dürfen nicht mehr als „fetischi-

stisch verurteilt" oder als „heidnischer Götzendienst verdammt" werden! Das ist wirklich eine Revolution und ein Riesenschritt in Richtung Liebe und Frieden. Wer den afrikanischen Ahnenkult kennt, weiß, wie schwer dieser Schritt gefallen sein muß und wie großartig seine Bedeutung in die Zukunft weist! Erschreckend nur, daß es sicher wieder viele geben wird, die den Papst deswegen, und das leider im wahrsten Sinne des Wortes, zum Teufel wünschen. So wie der Vertreter einer recht bedeutenden evangelikalen Bewegung, der den Papst bereits vor Jahren als Antichrist (Teufelssohn) bezeichnete, weil er in Assisi zum Friedensgebet aller Religionen aufgerufen und mit ihnen zusammen gebetet hat. Es sei, so dieser Theologieprofessor weiter, eine „schwere Sünde", wenn Christen zusammen mit anderen Religionen beten! Man kann den Haß förmlich spüren, der solchen Menschen wie Schaum vor dem Mund steht. Es sind die Leute, die die Welt verdunkeln, die den Frieden verunmöglichen, die die Liebe zertreten, und die gerade dann so gefährlich sind, wenn sie mit ihren Reden viele Menschen in ihren Bann ziehen. Denn die Fähigkeit, Menschen zu begeistern, ist nicht von Gott gepachtet, mit ihr hat bereits der Teufel sein zerstörerisches Werk begonnen. Es fällt mir immer schwer, über solche Leute nicht zu urteilen, sie in meinen Gedanken nicht zu richten, nicht zu verurteilen. Es gelingt nur dann, wenn man sie nicht isoliert, sondern eingebettet sieht in den gesamten Schöpfungsplan.

Ein Pendel, das einmal losgelassen wird, überquert die Nullinie, um sofort danach wieder in die andere Richtung auszuschlagen, und viele Male kehrt es zurück zum Normalzustand, doch immer nur, um sich sofort danach wieder der anderen Seite zuzuwenden. Ein Beobachter, der genau in der Mitte steht, kann es nicht fassen. Jedesmal, gerade wenn er

Hurra schreien will, entgleitet das Pendel wieder ins Extreme. Ein Beobachter, der außerhalb steht, ein Beobachter, der den ganzen Zeitraum überblickt, er sieht die völlig natürlichen Bewegungen, er sieht auch wie die Ausschläge kleiner werden, und er wird irgendwann auch den Stillstand des Pendels erleben dürfen. Die Ausschläge ins Extreme, sie müssen sein, sie gehören zu unserem Leben, und ich bin sicher, daß wir in diesem Spannungsfeld der Extreme eine unbezahlbare Schule durchlaufen dürfen, daß, wer hier zur goldenen Mitte, zur Liebe findet, eine Ausbildung hinter sich hat, die ihn zu Großem befähigt. Und vielleicht können wir lernen, die Extreme nicht zu verurteilen, sondern als das einzuordnen, was sie sind, Eckpfeiler, die uns die ganze Bandbreite signalisieren und uns in der Auseinandersetzung mit ihnen die Mitte weisen können.

Übrigens: Die „unzivilisierten" Afrikaner mit ihren „heidnischen Kulten" haben keine Angst vor dem Sterben! Viele feiern den Tod eines Stammesangehörigen als großes Freudenfest, nicht als Totenfest, sondern als das, was es wirklich ist: als Fest des Lebens, als Fest des Eintritts in die andere Welt! Es gibt zwar auch böse Geister und was weiß ich noch alles, aber eine Hölle in unserem Sinne kommt dort nicht vor! Und wir zivilisierten und aufgeklärten „Herrenmenschen", wir sind die Weltmeister im Angst haben! Absolut unschlagbar! Und das mit unserem „liebenden Gott"! Vielleicht können wir von den Afrikanern einiges lernen! Zumindest sie zu akzeptieren ist schon großartig! Und ich sage es nochmals: auch wenn nun die christlichen Fundamentalisten Rom als New Age Hochburg einstufen, es macht nichts! Ein solcher Schritt ist Gold wert im Zusammenleben der Völker und Kulturen, es ist der Stoff, aus dem der Frieden gewoben wird! Und all die „Pharisäer", die deswegen Rom ans Bein pinkeln, mögen sich die Worte Jesu in Erinnerung rufen: „Oh ihr Pharisäer! Ihr haltet zwar Becher und Teller außen sauber, innen aber seid ihr voll Raubgier und Bosheit." Und als ein Gesetzeslehrer Jesus Vorwürfe machte: „Meister, damit beleidigst du auch uns", antwortete Er: „Weh auch euch Gesetzeslehrern! Ihr ladet den Menschen Lasten auf, die sie kaum tragen können, selbst aber rührt ihr keinen Finger dafür. Ihr habt den Schlüssel zur Erkenntnis weggenommen. Ihr selbst seid nicht hineingegangen, und die, die hineingehen wollten, habt ihr daran gehindert." Tragen wir doch unsere Lasten und lassen die anderen ihre tragen, oder noch besser, wir helfen ihnen dabei, daß sie ihre leichter tragen können. Hat Jesus doch sogar für Seine Feinde gebetet! Und wir?

Ein großer Schritt, die Anerkennung afrikanischer Religiosität! Doch viele, viele solcher Schritte stehen noch aus. Nicht nur nach außen, auch nach innen müssen Ausgrenzung und Verurteilung aufhören, Schranken und Mauern eingerissen und Härte und Dogmen durch Liebe und Verständnis ersetzt werden - auch wenn sich mancher „Hüter der Wahrheit" mit Zähnen und Klauen dagegen wehrt. Haben wir Geduld. Was heute unmöglich erscheint, ist morgen selbstverständlich, so war es schon immer!

Doch denken wir daran, wie wir leben, so werden wir auch sterben, und die Härte in unserem Leben läßt oft auch den Tod hart werden!

Es gibt so viele, die den Weg der Liebe gehen und gehen wollen! Warum gehen wir nicht miteinander? Auch wenn die Sichtweise mancher Dinge verschieden ist, können wir dann nicht trotzdem als Freunde miteinander gehen? Auch wenn jemand von Gott teilweise andere Vorstellungen hat - müssen denn Freunde immer in allen Dingen dieselben Ansichten haben? Wenn beispielsweise jemand Jesus nicht als mit Gott identisch ansieht, ist das so schlimm? Schließlich hat Sich Jesus selbst nie als Gott bezeichnet, immer nur als Sohn Gottes, immer hat Er das, was Er tat, was Er sagte, „von Seinem Vater gehört"! In jedem Falle steht Jesus so haushoch über uns, daß es anmutet wie der Streit zweier Ameisen, ob die Kirchturmspitze nun rund oder eckig ist! Der Streit, ob Jesus Gott oder „nur" Sohn Gottes ist, hat schon 3 Jahrhunderte nach Jesu Tod Zehntausenden von Menschen zum vorzeitigen Verlassen dieses „Jammertals" verholfen, wie die Erde in vielen christlichen Liedern genannt wird. Daß wir diesen traumhaft schönen Planeten erst dazu gemacht haben, und daß die Christen daran auch ihren Anteil haben, steht dort allerdings nicht geschrieben. Auf Schritt und Tritt begegnet einem im Christentum dieses Leid! Jesus der Leidensmann! Zumindest im westlichen Christentum zeigt die Mehrzahl der Darstellungen Jesus als ein gequältes, zerbrochenes Häuflein Elend. Wir lassen uns so leicht etwas vormachen! Ist unsere Angst wirklich so groß, daß wir nicht bereit sind, über Gott nachzudenken? Wir wissen nicht viel aus Jesu Zeit vor Seinem öffentlichen Auftreten. Doch kann es nur eine glückliche Zeit gewesen sein. Seine Mutter, als eines der höchsten Wesen, die jemals auf unserer Erde lebten, wird Ihm eine traumhafte Mutter gewesen sein. Und Josef mit Sicherheit kein Rabenvater. Wir dürfen ohne Zweifel davon ausgehen, daß Jesus eine glückliche Kindheit und Jugend verlebt hat. Als Herrscher unseres Universums steht Jesus ohnehin viel zu hoch, um als Mensch in Regionen der Unzufriedenheit abzudriften. Auch während Seiner öffentlichen Zeit scheint es Jesus recht gut gegangen zu sein. Wie hätte Er auch sonst die Massen begeistern sollen? Nicht

Seine Wunder waren es, sie waren auch gar nicht zu Seiner Legitimation gedacht, wie Jesus selbst sagte, doch ein Geist wie Jesus kommt gar nicht umhin, soviel Leid zu mindern, wie Ihm möglich ist. Das wird oft falsch verstanden und die Göttlichkeit an dem Beweis der Wunder aufgehängt! Jesus wollte Sich nie beweisen, und wer Ihn nicht in seinem Herzen fühlt, dem tut Er auch den Gefallen nicht mit Wundern! Nein, nicht Seine Wunder waren es, es war Seine Ausstrahlung, die die Massen begeisterte und Ihn legitimierte. Würden Sie sich von einem zerbrochenen, leidenden Dreißigjährigen, einem „Mann der Schmerzen" begeistern lassen? Nie! Jesus muß sogar den Vorwurf der Pharisäer über Sich ergehen lassen, er sei ein „Fresser und Säufer" und zöge mit Sündern und Dirnen durchs Land.

Jesus will uns ja gerade vom Leid befreien! Seine ganze Botschaft zielt darauf ab, uns glücklich zu machen, nicht drüben, sondern schon hier, der „Himmel ist schon hier"!

Und dann hat Er zwei Tage gelitten, schwer gelitten, genauso schwer, wie viele Tausend andere, die die Römer ans Kreuz geschlagen haben, und wie viele Millionen heute, die unvorstellbare Foltern erleiden! Jesu Großtat war nicht Sein Sterben, sondern Sein Leben! Ich weiß nicht, ob wir ermessen können, was es heißt, wenn der Herr der Welt Seine Herrlichkeit verläßt und Sich an die Erde und an uns Menschen bindet. Nehmen Sie diesen Gedanken einmal mit in die Stille und meditieren Sie darüber. Es ist ein Verzicht, wie wir ihn wohl kaum ermessen können. Jesus hat für uns einen unheimlich hohen Preis bezahlt und durch Sein Festhalten und Sein Binden an uns zahlt Er ihn heute noch und mit Ihm viele andere, wie die Mutter Maria, um nur eine zu nennen, die ihre Herrlichkeit eintauschen, um in unsere Bereiche hinunterzusteigen und alle, die ihre Hand ergreifen, weit, weit hinaufziehen können ins Licht! Ja, Jesus hat für uns bezahlt! Mit Seinem Blut! Mit Seinem Leben! Und ich bin sicher, der Abstieg, den Er von Seinem königlichen Leben zu unseren dunklen Sphären freiwillig vollzogen hat und immer noch vollzieht, er ist für uns der Garant zum Aufstieg! Doch was es für Ihn heißt, für Sein Licht, für Seine Reinheit des Geistes, in unsere Dunkelheit und Enge hinabzusteigen, das wage ich nicht einmal zu ahnen! Ich weiß nur eines: Jeder von uns, der an Seiner Hand hochgehoben wird, wird Ihm liebend gern mit all seiner Kraft zur Verfügung stehen, um als liebende und dienende Geister, als Schutzengel und Führer für den Aufstieg aller unser Brüder und Schwestern dazusein, die noch nicht so weit sind. Ob erneut hier auf der Erde, auf anderen Planeten, in anderen Welten und was es noch alles für Möglichkeiten gibt, jeder wird da sein, wo es für ihn richtig ist!

Ja, und was nun ist der Mensch?

Keine Religion, weder christliche noch östliche, weder alte noch neue, vermögen hierauf eine schlüssige Antwort zu geben! Viele versuchen es erst gar nicht! Diese Frage scheint uns zu überfordern. Und in der Tat dürfte dies eines der tiefgreifendsten Schöpfungsgeheimnisse Gottes sein. Die meistgehörte Antwort, der Mensch als Diener Gottes, womöglich zu seiner Belustigung, Selbstbeweihräucherung, Zeitvertreib, scheidet aus. Gott braucht weder Tempel, noch Brand-, noch sonstige Opfer. Bereits im Alten Testament kann man an vielen Stellen den „heiligen Zorn" spüren, der Gott ob unserer Sturheit und Borniertheit packt: „Liebe will ich, nicht Schlachtopfer, Gotteserkenntnis statt Brandopfer!"

Wer will Gott unterstellen, daß Er so wenig Selbstbewußtsein hat, daß Er Sich durch uns schmeicheln lassen muß? Zum Halleluja-singen hätten Ihm Engel genügt, unnötig, hierfür über unendliche Zeiträume so viel Leid in Kauf zu nehmen. Halleluja-singen setzt auch nicht unbedingt einen freien Willen voraus.

Könnte die Erde ein Fehler gewesen sein? Wollte Gott eigentlich eine andere Schöpfung? Ist die Schöpfung nur Ausfluß Seiner Langeweile? Wollte Er nur Engel erschaffen, um Sich mit ihnen unterhalten zu können? Um jemanden zu haben, der Seine Pläne in die Tat umsetzt? Um geliebt zu werden? Um ein Gegenüber zu haben, in dem Er Sich erkennen, in dem Er Seine Liebe spiegeln kann?

Jakob Lorber läßt in seinen Schriften Gott sagen, wenn er je einen Fehler gemacht habe, dann den, daß er Luzifer mit zu großer Macht ausgestattet habe! Sollte Luzifer ursprünglich nach Gottes Plan gar keinen freien Willen haben, ohne den er ja nie von Gott hätte abfallen können? Und ohne den sich auch die Menschen nie gegen Gott hätten wenden können?

Vielleicht! Und trotzdem mag ich nicht glauben, daß Gott einen Fehler gemacht hat, ich unterstelle Ihm einfach, daß Er wußte, was Er tat, daß Er Seine Schöpfung, so wie sie jetzt ist, bewußt geschaffen hat! Daß Er sowohl Luzifer als auch uns bewußt einen freien Willen gegeben hat, und damit auch die Folgen bereits zu Beginn absehen konnte und bewußt in Kauf genommen hat!

Wenn jedoch ein liebender Gott unser Leid bewußt in Kauf nimmt, kann es nur einen Grund haben: Es muß unendlich wichtig sein für Ihn, und das Ziel muß großartig sein, auch wenn ich heute nicht einmal in der Lage bin, es zu erahnen!

Mir gefällt dieser Gedanke gut, und ich möchte ihn noch etwas weiterspinnen! Luzifer war der Erste! Nicht umsonst heißt Luzifer: Lichtträger, der Gottes Licht hinausgetragen hat, der Ihm Schöpfungsengel war. Er wollte sein wie Gott. Wieso wollte er sein wie Gott? Wer hat diesen Zwiespalt in ihm angelegt? Wie wurde der Neid in ihm geboren?

Gott hat ihn erschaffen! Auch wenn es viele nicht hören wollen: Gott hat ihn erschaffen! So wie er ist! Mit der Möglichkeit, Hochmut, Neid, Haß zu entwickeln, mit der Möglichkeit, das Böse zu tun! Denken Sie einmal über diesen Gedanken nach, nehmen Sie ihn mit in die Meditation! Gott hat Luzifer (und uns) erschaffen, es ist Seine Schöpfung, und wenn Sie so wollen, ist es Seine Schuld! Wenn ein Ingenieur eine Maschine konstruiert, ist er dafür verantwortlich, selbst wenn sie nicht so funktioniert, wie er eigentlich wollte! Und wenn Luzifer sich dem Bösen zuwendet, dann muß Gott diese Möglichkeit bereits vorher in ihn hineingelegt haben! Vor Luzifer gab es nichts, außer Gott! Woher kommt dann das Böse? Von Gott?

Die östlichen Religionen antworten mit Ja! Ihnen ist unser christlicher, liebender Gott fremd. Für sie enthält Gott bereits alles Gute und Böse, und er ist uns gegenüber nur insofern im Vorteil, als bei ihm stets das Gute die Oberhand behält. Sicherlich eine schlüssige und in sich stimmige Erklärung! Nur, mein Herz wehrt sich dagegen! Ich kann Gott nur als Liebe spüren, unendliche, reine, für mich nicht vorstellbare und begreifbare Liebe, es kommt nie auch nur ein Schatten mit, nie auch nur eine Spur von Bösem!

Und wenn es nun so wäre, daß Gott wirklich nur reine, vollkommene Liebe ist, daß aber wir, Seine Schöpfung, die ganze Palette von Gut und Böse durchmachen können, bis zum äußersten Ende aller Möglichkeiten, bis hin zur völligen Abkehr, zum völligen Gegenteil Gottes. Sollen wir einmal sagen können: Ja Vater, wir haben alle Möglichkeiten gesehen, vieles selber erlebt und probiert, wir sind bis in die tiefsten Tiefen des Alls vorgestoßen, bis in die dunkelste Nacht! Wir haben Haß erlebt und Neid, Verachtung, Egoismus und Hochmut. Wir haben versucht, in Systemen zu leben, die mit Angst und Unterdrückung arbeiten, mit Strafe, Folter und Entmündigung, aber auch mit Freiheit, Unabhängigkeit und Gleichheit. Haben manchmal mehr und manchmal weniger Schmerzen gelitten, doch stets hat uns eines begleitet: Schmerz und Sehnsucht und ein Hunger nach Leben, echtem erfülltem Leben. Und nun, nachdem wir alles gesehen haben, wissen wir, es gibt nur eine Möglichkeit, diese Sehnsucht zu stillen: das Leben in Dir und in Deiner Liebe, und niemals wollen wir diese Liebe wieder verlassen!

Könnte es nicht sein, daß dies alles zu Gottes Schöpfungsplan gehört, und daß Ihm, wenn alle „verlorenen Söhne" wieder zu Ihm zurückgekehrt sind, eine große Zahl von absolut zuverlässigen, tausendfach geprüften Wesen zur Verfügung stehen, von denen Jesus mit Fug und Recht sagen kann: „Götter seid ihr", „geworden wie einer von uns".

Was hat Gott vor? Was sind Seine Pläne? Reichen Ihm Engel nicht, die stets Seinen Willen tun? Braucht Er wirklich ein gleichberechtigtes Gegenüber?

Ein Anzeichen dafür wäre, daß Er uns einen freien Willen gegeben hat! Interessanterweise sieht das auch die Bibel so. Als der Mensch in der Paradiesgeschichte vom „Baum der Erkenntnis" gegessen hatte, sagte Gott, der den Menschen ja bereits „nach seinem Ebenbild" erschaffen hat: „Ja, der Mensch ist jetzt wie einer von uns geworden, da er Gutes und

Böses erkennt." Dieses „Erkennen" von Gut und Böse, das ist der freie Wille! Nur wenn ich in der Lage bin, Gut und Böse zu unterscheiden, habe ich auch die Möglichkeit, das Böse zu tun, und erst dann kann ich von einem freien Willen sprechen. Vorher, bevor der erste Mensch vom „Baum der Erkenntnis" aß, lebte er engelsgleich im Paradies. Ohne diese „Erkenntnis von Gut und Böse" hätte der Mensch ewig in Paradiesfreuden geschwelgt, sich selber und Gott zur Freude, aber eben ohne freien Willen.

„Denn Gott schuf den Menschen zur Unvergänglichkeit, und als Abbild seines eigenen Wesens machte er ihn. Aber durch des Teufels Neid kam der Tod in die Welt, und diesen müssen alle kosten, die ihm angehören". Damit meint „das Buch der Weisheit" den körperlichen Tod. Des „Teufels Neid" hat uns unser Erdenleben eingebracht, unseren materiellen Körper, die Materie als „Feuerofen", in dem sich unser Geist wieder reinigen kann. Auch ein Teufel kann die Schöpfung Gottes höchstens verunreinigen, niemals vernichten! Die Unvergänglichkeit des Menschen bleibt! Wieso hat Gott den „Baum der Erkenntnis" gepflanzt und den Menschen bewußt in Versuchung geführt? Beziehungsweise zugelassen, daß Luzifer den Menschen auf seine Seite zieht, indem er ihn mit der Frucht vom „Baum der Erkenntnis", also mit dem freien Willen beglückte? Beim „Engelssturz" soll Luzifer ein Siebtel der Engel des Himmels mit sich hinabgerissen haben. Haben wir Menschen etwas mit dem Engelssturz zu tun? Sind wir es, die mit ihm gestürzt sind? Moses meint in der Genesis:

„Da sahen die Gottessöhne (Engel), daß die Töchter der Menschen schön waren, und sie nahmen sich zu Frauen, welche sie nur mochten", und weiter „...als die Gottessöhne mit den Töchtern der Menschen verkehrten und diese ihnen

gebaren." Könnte unser Leben hier nicht ein Teil des Rückweges zu Gott sein? Könnte dies nicht alles Teil des Schöpfungsplanes Gottes sein? In dem prophetischen Buch Jesus Sirach klingen ähnliche Gedanken an: „Sein Licht und auch seine Dunkelheit teilte er den Menschen mit!" Gott besitzt keine Dunkelheit! Er kann uns nur ganz bewußt die Wahl gegeben haben für Ihn (das Licht) oder gegen Ihn (die Dunkelheit), und weiter: „Mit kluger Einsicht hat er sie erfüllt und sie gelehrt, zu kennen Gut und Böse!"

Also nichts mit gestohlenen Äpfeln? Dann war es Gottes Wille, Teil Seines Schöpfungsplanes? Ich glaube ja!

Wie könnte ein Wiederaufstieg besser denkbar sein, als durch ein Leben wie unseres, ein Leben, das solange dunkle Wege geht auf der Erde oder sonstwo, bis die Gottesliebe wieder durchbricht und so in uns gefestigt ist, daß Gott ganz sicher sein kann, daß wir aus unserem freien Willen heraus ewig bei Ihm bleiben? Der „Aufstieg" wird sich nach ganz einfachen Gesetzen richten. Unser geistiger Zustand, unsere „Reife", das ist unsere Schwingung (Grundsätze hierzu finden Sie in unserem Meditationsbuch)! Schon hier auf Erden können viele sie fühlen und sich so ein „Bild" machen von einem anderen Menschen. Drüben, wo unsere Schwingung durch nichts verdeckt wird, kein materieller Körper, keine Kleider, nichts, da ist unsere Schwingung, unser Reifegrad der Liebe für jeden sichtbar! Wir laufen sozusagen „nackt" durch die Gegend. Gedanken, die auch jetzt schon für viele fühlbar und „sichtbar" sind, können vor niemandem verborgen werden! Und automatisch „richten" sich alle selbst! Sie kommen in die „richtige" Sphäre! Es geht nicht anders! Niemand kann sich in einen „Himmel" einschmuggeln, in den er nicht hineingehört! Er würde sich fühlen wie jemand, der sich in einer vornehmen Gesellschaft eine Flasche Ketchup über den Smoking geleert hat! Da bleibt nur ein Wunsch: So schnell und so unauffällig wie möglich das Weite suchen. Im übrigen wird es immer heller, je weiter Sie sich dem wahren Licht nähern! Logisch! Aber Sie brauchen auch die Augen dafür. Nähern Sie sich mit ihren Augen der Sonne, und Sie werden erblinden - so einfach ist das! Ja, es ist wirklich einfach, Gott ist viel einfacher, als wir denken! Alles ist logisch, natürlich, und es funktioniert!

Der Mensch könnte eine von Gott aus Sich herausgestellte Schöpfung sein, um bestimmte Erfahrungen zu machen. Vielleicht die Erfahrung, daß nur Liebe alles Glück in sich birgt, daß ein Verlassen der Liebe Schmerz bedeutet! Vielleicht die Erfahrung, daß es möglich ist, über Schmerz zur Liebe zurückzufinden! Jakob Lorber meint, seit Jesus Mensch geworden ist, muß jeder Engel, bevor er im Rahmen des Schöpfungsplanes Gottes eine höhere Aufgabe übernehmen kann, einmal wie Jesus Mensch werden. Warum nicht? Ein Erdenleben mit seinen vielen Fallgruben ist sicher eine hervorragende Schule dafür!

Es könnte auch sein, daß ein Erdenleben Bindungen aufbaut, die für die geistige Welt wichtig sind und für einen Engel die Grundlage darstellen, uns hier in irgendeiner Weise helfen und am großen geistigen Kampf teilnehmen zu können!

Glauben Sie, daß Gott jemals etwas Totes erschaffen kann? Er, der „lebendige" Gott? Wie denn auch? Wo es nichts gibt außer Ihm? Wo soll Er denn das Material für dieses Tote hernehmen? Nein! Alles ist Seine Substanz und lebt! Jede Sonne, jeder Planet, jeder Stein hier auf Erden lebt! Ist das so abwegig? Ich weiß nicht, was ein Stein für ein Bewußtsein hat, was er für Erfahrungen macht, der über Jahrtausende hinweg am selben Platz bleibt. Der heilige Franziskus war einer von denen, die dieses Bewußtsein fühlen und mit ihm Verbindung aufnehmen konnten. Nicht nur Tiere und Pflanzen stellte er sich gleich, er sprach auch von der „Schwester Sonne" und dem „Bruder Mond", und er war kein Poet!

Wir müssen anfangen, über unseren Tellerrand zu schauen und Gottes Welt mit offenen Augen und vor allem offenem Herzen zu betrachten. Wir müssen in die Stille gehen und in der Meditation die Natur in uns aufnehmen. Dem Mystiker erschließt sich darin eine Welt der unbeschreiblichen Schönheit, des unbeschreiblichen Glücks. Wie Nebelschwaden lösen sich scheinbar unauflösliche Gegensätze, und Harmonie und Friede ziehen da ein, wo Urteil und Vorurteil weichen. In dem Moment, wo wir aufhören zu urteilen, ist der Friede da!

„Viele Leute glauben, daß sie denken und ordnen doch nur ihre Vorurteile neu", beklagte vor über hundert Jahren schon der Philosoph William James.

„Verkündet die Frohe Botschaft allen Völkern", hat uns Jesus aufgetragen, und: „Richtet nicht!" Hätten wir uns daran gehalten, Jesu Frohe Botschaft zu verkünden, ohne zu richten, ohne zu urteilen, die Welt wäre längst bekehrt, und jeder könnte uns an unseren Früchten erkennen. Wenn Sie eine der großen Heiligen in diesem Sinne sehen wollen, dann schauen Sie sich Mutter Theresa an. Sie bringt es fertig, daß Menschen, die ihr ganzes Leben in Not und Elend verbracht haben, nun bei ihr glücklich und zufrieden sterben.

Wovor haben wir Angst?

Einmal vor der Ungewißheit und zweitens vor der Willkür Gottes! Wir waren in der Kirche, haben gebetet, gebeichtet, gebüßt, geopfert, gefastet. Wird es reichen? Reicht Gottes

Gnade wirklich so weit? Es ist wie bei einer Reise in ein fernes, unbekanntes Land. Viele Berichte sind uns zu Ohren gekommen, gute, weniger gute. Und dann soll da noch ein Drache lauern! Ja, das ist es!

Gehen Sie doch her und werfen Sie den Drachen zu Ihren Lebzeiten hinaus! Es geht nicht von einem Tag zum anderen! Sie müssen sich in die Liebe Gottes hineinleben! Legen Sie Vorurteile ab und urteilen Sie nicht. Lesen, hören und fühlen Sie mit dem Herzen! Denken Sie sich in Gott hinein! Wie würden Sie handeln? Gott handelt tausendmal liebevoller! Würden Sie jemanden erschaffen, ohne ihn zu fragen, und ihn dann zur ewigen Hölle verdammen? Gott noch tausendmal weniger! Würden Sie, wenn Ihnen die Ewigkeit zur Verfügung steht, einen so kurzen Zeitraum wie dieses Leben darüber entscheiden lassen? Gott noch tausendmal weniger! Machen Sie sich frei von den Ängsten und Schreckensbildern, die Ihnen eingeredet wurden, vergessen Sie Dogmen und lassen Sie Ihre Gedanken frei!

Vor kurzem hatte ich im Rahmen eines Vortrags ein Gespräch mit einem katholischen Pfarrer! Er beharrte auf dem Dogma der ewigen Höllenstrafe: Wer drin ist bleibt drin! Als jedoch im Laufe der Diskussion die Liebe an seinem Gottesbild bedenklich abzuschmelzen begann, meinte er versöhnlich: Wir könnten uns ja darauf einigen, daß es zwar die Hölle im katholischen Sinne gibt, aber daß niemand drin ist!

Ja so kann man's auch sehen! Freilich, was nicht sein darf, kann nicht sein, frei nach dem Motto eines englischen Theologen: „Alles Wahre widerspricht dem gesunden Menschenverstand!“ Ja, die Erde ist eben doch noch eine Scheibe und wird von der Sonne umkreist, und diesen Ketzer Galilei haben wir auch erwischt!

Einigen wird die Kritik an den Kirchen vielleicht zu weit gehen, anderen wird sie zu verhalten sein, ich selber würde lieber nicht kritisieren. Kritik hat immer eine negative Schwingung. Doch weiß ich nicht, wie ich „meinen" Gott und meine Vorstellung vom Leben und Sterben beweisen soll, ohne die Fehler in der gegenteiligen Ansicht aufzuzeigen und zu widerlegen und auf die Ungereimtheiten beim Zustandekommen dieser „Glaubensinhalte" hinzuweisen, bis hin zur Betrachtung der Früchte, die sie hervorgebracht haben und die Jesus als Meßlatte dienen. Jesus akzeptiert weder Dogmen noch Vorschriften noch blinden Glauben: „An ihren Früchten sollt ihr sie erkennen!" Würde ich mich hiermit nicht auseinandersetzen, müßte ich schreiben: So ist es, Punkt! Das wäre mir zu einfach! Ich möchte, daß Sie meine Gedankengänge nachvollziehen können, denn wichtiger noch als das Ziel ist der Weg, vor allem dann, wenn man das Ziel, wie so oft, wieder mal aus den Augen verloren hat. Nur wer den Weg kennt, wird es wiederfinden.

Daß ich meine Kirche trotzdem liebe, ist kein Widerspruch, denn Kirche, das sind weder Papst noch Patriarchen, weder Bischöfe noch Priester, weder Dogmen noch Pastoralbriefe noch irgendwelche Kongregationen und Gremien. Kirche, das sind Sie und ich und alle diejenigen, deren Früchte für Jesus genießbar sind. Alle Kirchengesetze, Regeln und Lehren betreffen nur Randbereiche. Zentral ist Christus, und nur Er. Wo Selbstgerechtigkeit und Lieblosigkeit zum Gesetz geworden sind, werden Sie Ihn vergeblich suchen. Sie finden Ihn in sich und in Ihrem Nachbarn, in jedem Baum, in jeder Blume, wenn Sie die Augen aufmachen, finden Sie Ihn überall - und Sie finden Ihn in den heiligen Mysterien. Ihren Inhalt, ihren Wert können wir nicht erklären, aber in uns aufnehmen und Licht und Kraft und Liebe spüren. „Prüfet alles, und behaltet das Gute!" Ich möchte darauf nicht mehr verzichten. Hüten wir uns davor, das Kind mit dem Bad auszuschütten. Auch Kirche kann sich nur von innen ändern - und das tut sie heute schon vielerorts! Überall ist das Gute, und mit etwas Übung kann man alles andere übersehen, überhören, es ist unwichtig. Das gilt für alles, nicht nur für Religion und Kirche. In erster Linie für die Familie, den Arbeitsplatz, die eigene Umgebung, „...von wegen Frieden" müßte dieses Thema überschrieben sein. Dieser Friede liegt in unserer Hand - und sonst nirgends! Und er kommt durch uns - oder nie!

Ich weiß, daß mich manche lieber steinigen würden, doch ich höre nicht auf zu sagen: Gott ist Liebe! Und Paulus irrt, wenn er sagt: „Durch den Glauben seid ihr gerettet!" Und Paulus weiß das selber, im hohen Lied der Liebe nimmt er alles zurück: nur die Liebe zählt! Nur durch die Liebe sind wir gerettet! Und sonst durch nichts! Abgesehen davon, daß „Glaube" bei Paulus etwas völlig anderes ist als das, was wir gemeinhin Glauben nennen. Paulus meint den tätigen Glauben, Glaube als Nachfolge Christi. Und tätiger Glaube, das ist nichts anderes, als gelebte Liebe, gelebter Friede. Jesus sagt: „Ich bin der Weg...". Jesus ist die Liebe, und jeder, der den Weg der Liebe geht, geht den Weg Jesu! Es wird viele geben, die auf diesem Weg der Liebe sehr hoch kommen, und im „Himmel" hohe und höchste Stellungen bekleiden, denn „viele Wohnungen sind im Hause meines Vaters"! Können Sie sich vorstellen, wie schön das ist? Die großen Religionsstifter und Weisheitslehrer dieser Welt mit ihren Jüngern, die Gruppen der Christen, geleitet von ihren Lehrern und Heiligen, und viele, viele andere mehr tauschen sich untereinander aus, lernen voneinander und miteinander! Und überall herrscht Friede! Muß Friede herrschen, weil es so viele Abstufungen gibt wie Reifegrade, weil kein Unruhestifter in höhere Ebenen eindringen kann, weil keiner mehr eine Maske tragen kann! Es wird ein Aufstieg sein, der die Ewigkeit für sich beansprucht und beanspruchen darf.

„...und niemand kommt zum Vater, außer durch mich!“. Daß der letzte Schritt, der Schritt von der höchsten Stufe zum Vater nur über Jesus, als den Herrscher unseres Universums gehen kann, ist klar. Doch wird Ihn jeder finden, wenn die Zeit an ihm ist. „Alles hat seine Zeit“, wissen die Eingeweihten im Osten! Mit der Brechstange ist Gott nicht beizukommen! Wer immer noch glaubt, der Himmel sei nur von Christen bevölkert, womöglich nur von einer Sorte, der ist, mit Verlaub, nicht ganz zurechnungsfähig! Er hat die Bibel nie gelesen und Jesus nie verstanden! „...wenn ich über die Erde erhöht bin, werde ich alle an mich ziehen!“ Alle, sagt Jesus! Wie oft machen wir Ihn noch zum Lügner! Jesus hat für alle Menschen gelebt und ist für alle Menschen gestorben, Er wird alle Menschen erlösen und alle Menschen zum Vater bringen! Sie täten es doch auch an Seiner Stelle, oder? Wir sind alle Seine Kinder! Doch der in Hinterindien Geborene, er darf nicht in den Himmel, weil er von Christus nichts wußte? Ja, da sind wir bald wieder soweit wie in den ersten Jahrhunderten, als ein Säugling bereits Sünde auf sich geladen hat, wenn er auf dem Arm seiner Mutter an heidnischen Ritualen teilgenommen hat! Da fragt man sich wirklich: Wie schafft es Gott eigentlich, es mit uns Christen auszuhalten? Bei diesem Gott würde ich wahrscheinlich auch vor Angst sterben, wenn's ans Sterben geht! Die Kelten beispielsweise hatten keine Angst vor dem Sterben. Weder in ihren Kriegen, noch bei ihren Menschenopfern! Der zu Opfernde wurde ein Jahr vorher gewählt, und es galt als eine hohe Ehre, für das Volk sterben zu dürfen! Sein Blut sollte die

Erde erneuern und seinem Stamm neues Leben geben! Es war auch kein Problem! Die Göttin war gnädig, das Leben ging sowieso weiter und kurze Zeit später waren „drüben" alle wieder versammelt, und irgendwann traf man sich auch hier wieder auf Erden und konnte an alte Beziehungen anknüpfen! Und heute lächeln wir über diese „Heiden"! Das heißt, falls wir mit unseren angstverzerrten Gesichtern überhaupt noch lächeln können!

Unsere Kirchen hängen so stark am Körper, daß es nicht verwunderlich ist, daß der Materialismus ins Christentum eingezogen ist wie in keine andere Religion! Es ist mir sowieso ein Rätsel, wieso das ganze Christentum an der Auferstehung Jesu aufgehängt wird! Nur weil Sein Körper nachher nicht mehr da war? Und wenn er dagewesen wäre? Dann wäre Christus doch trotzdem auferstanden! Was denn sonst? Noch nie gab es eine Religion, die gelehrt hat, daß nach diesem Leben Schluß ist! Und Christus hätte seinen Jüngern genauso erscheinen können, genauso wie Er auch heute immer noch begnadeten Menschen erscheint oder wie auch Seine Mutter Maria und viele andere sich immer wieder sehen lassen! Es war sowieso nicht mehr Sein menschlicher Körper, mit dem Er Sich den Jüngern gezeigt hat. Er konnte ja durch verschlossene Türen gehen und Sich unsichtbar machen, also muß Er Seinen Körper völlig gewandelt haben! Seine Wunden sind auch Seinem geistigen Körper eingeprägt in alle Ewigkeit, denn es sind geistige Wunden! Unsere „Körperkultur" treibt die tollsten Blüten. So müssen sich nach dem Willen so mancher christlicher Religionen die armen Auferstandenen ihre Knochen zusammensuchen, dann wächst ihnen wohl das Fleisch nach, ein verlorener Arm wird großzügig ersetzt! Ganz schlimm erwischt's die Verbrannten! Feuerbestattung ist zwar verboten (mit Recht, aber das hat andere Gründe), aber was macht ein armer Kerl, der in einem Brand umkommt? Er darf am Jüngsten Tag seine Asche wieder einsammeln, oder? Wurden vielleicht deshalb die Todesurteile der Inquisition auf dem Scheiterhaufen vollstreckt, um auch noch die Hintertür zum Himmel zu vernageln? Merken Sie, wie makaber solche Lehren sind, wenn man sie mit etwas Abstand betrachtet und mit einem Strahl der Liebe Gottes beleuchtet?

„Staub bist du, und zu Staub kehrst du zurück“. Viel mehr scheint uns zum Sterben nicht einzufallen. Im buddhistischen Tibet und anderen östlichen Religionen wird einem frisch Verstorbenen aus dem sogenannten „Totenbuch“ vorgelesen. Die Menschen wissen, daß in der Zeit um den Tod herum sich die Ablösung des Geistigen vom materiellen Körper vollzieht. Sie wissen auch, daß der „Verstorbene“ sie noch hören kann. Auch hierüber gibt's unzählige Beweise, Leute, die schon „klinisch“ tot waren und anschließend doch wieder ins Leben zurückgekehrt sind, konnten sich an jedes Wort erinnern! Patienten sehen ihrer eigenen Operation zu und können nachher alles haarklein erzählen. Sie haben nicht nur alles gehört, sondern auch alles gesehen! Obwohl sie tief betäubt waren, ohne Schmerzen und ohne jedes Anzeichen einer körperlichen Regung. Auch hierüber gibt es einige interessante Bücher von vorher selber ungläubigen Ärzten! Und so wird den Verstorbenen in den östlichen Religionen der Weg gewiesen, den sie nunmehr zu gehen haben, sie erfahren, was sie erwartet, wohin sie sich wenden können, wie sie sich verhalten müssen! Es ist eine sehr labile Phase, diese Zeit des Übergangs, und wir werden den Weg um so besser finden, je mehr wir uns damit befaßt haben! Angstfrei versteht sich! Wenn Sie eine Reise antreten, bereiten Sie sich auch darauf vor, und je besser Sie sich vorbereitet haben, desto besser

funktioniert alles. Es hängt sehr viel von uns ab. Die geistige Welt ist anders strukturiert als unsere materielle, die geistigen Augen sehen anders! Sie können vor Jesus stehen - wenn Sie nicht an Ihn glauben, erkennen Sie Ihn nicht! Und wenn Sie nicht glauben, daß es ein Leben nach dem Tod gibt, dann werden Sie sich anfangs sehr schwer tun, weil Sie gar nicht glauben, daß Sie gestorben sind - so unglaublich das auch klingt! Aber es ist tatsächlich so! Sie können ja noch alles hören, alles sehen hier! Merkwürdig ist lediglich, daß die andern nicht mehr mit Ihnen reden und Sie auch nicht beachten! Lachen Sie nicht darüber, das Bewußtsein von jemandem, der das Leben nach dem Tod leugnet, entspricht notgedrungen dem, was er sich vorstellt: Seiner Meinung nach gibt es ja nichts mehr! Somit ist auch sein Bewußtsein so stark getrübt, daß er sehr lange Zeit brauchen wird, um „drüben" zurechtzukommen. (Es gibt viele Bücher, die dieses Thema sehr anschaulich behandeln. Wenn Sie mir schreiben, sende ich Ihnen gerne eine Liste mit Büchern zu, die empfehlenswert sind!)

Ich habe anfangs von den begnadeten Menschen gesprochen, die in ihrem kindlich naiven Glauben durch nichts aus der Ruhe zu bringen sind! Viele von ihnen verdanken dies ihrer tiefen Beziehung zur Mutter Gottes, und ich verspreche ihnen, sie wird sie persönlich abholen und eine Mutter für sie sein, wie man sich eine Mutter nur wünschen kann!

Der „Himmel" wird sehr viel persönlicher sein, als wir ihn uns vorstellen können! Ich freue mich heute schon auf meinen Schutzengel, er ist mein bester Freund und ihm verdanke ich so unendlich viel. Ich weiß, daß er mich abholen wird und freue mich schon darauf, ihm, der mir heute schon so nahe ist, ganz in die Arme fallen zu dürfen! Aber so wie er heute uns nur dann wirksam helfen kann, wenn wir an ihn glauben, wenn wir bereit sind, ihn zu spüren, so werden wir ihn auch drüben nur erkennen, wenn wir ihn hier gekannt haben! So wie wir unser Bewußtsein hier einstellen, so werden wir uns drüben wiederfinden!

Einen Sterbenden hinüberzubegleiten ist eines der schönsten und heiligsten Mysterien, und wir sollten uns wirklich Zeit nehmen dafür! Jeder kann spüren, daß sich etwas abspielt zwischen den Welten, etwas Heiliges, etwas Unbeschreibliches! Es ist ein sehr labiler Zustand, und Ruhe und Geborgenheit, eine Atmosphäre des Gebets und des Friedens können den Übergang wesentlich erleichtern!

Eines der größten Verbrechen, das man einem Menschen antun kann, hat unsere Medizin neuerdings erfunden: Organtransplantationen! Organe müssen lebend (!) entnommen werden, sonst sind sie wertlos. Bestenfalls unmittelbar nach dem „klinischen Tod", dem Aufhören der Hirnströme, in einem der heiligsten Augenblicke des Lebens, in dem sich die allmähliche Loslösung des geistigen vom materiellen Körper vollzieht. Genau in dem Augenblick werden die Körperfunktionen künstlich am Leben gehalten und der Körper wie eine Kuh ausgeschlachtet und für die Beerdigung ausgestopft! Denn den Schein zu wahren, das scheint uns das einzig Heilige zu sein! Nicht weniger schlimm ist die Transplantation übrigens für viele Empfänger - falls sie überleben! Meist totgeschwiegen, gibt es auch hier viele Berichte von verantwortungsbewußten Ärzten, die für sich selbst sprechen! Und das alles nur, weil wir heute nicht mehr sterben können! Lieber nehmen wir ein jahrelanges Siechtum in Kauf, ein Leben das nur um ein Thema kreist und in dem die Angst der beherrschende Faktor ist! Und wieviele von uns dürfen nicht mehr „normal" sterben, sondern hauchen ihr Leben in einem Labyrint von Maschinen aus? Unsere Todesangst treibt die tollsten Blüten! Wie glücklich ist der, der innerlich bereit ist, sterben zu können, auch wenn er noch nicht 97 ist! Der, der weiß, wann seine Zeit gekommen ist! In frühen Zeiten spürte jeder, wann es soweit war. Man verabschiedete sich von seinen Lieben und ging in die Einsamkeit, um bewußt hinüberzugehen! Ich würde Ihnen so gerne dieses Bewußtsein wünschen, diese innere Größe, diesen inneren Frieden, dieses innere Lächeln, das Angst nicht kennt und um seine Größe und seine Geborgenheit und seine tiefe Einbettung in Gottes Schöpfung weiß.

Lassen wir unsere Herkunft ruhig im Dunkeln, solange eines feststeht: Wir sind göttlich! Doch vielleicht ist eines noch wichtig, für mich jedenfalls war es eine ganz entscheidende Erkenntnis:

Eine „Erbsünde" gibt es nicht! Und kann es bei einem liebenden Gott nie geben! Sie würden es auch nicht tun! So existiert auch für Jesus keine Erbsünde! Jesus hat nie davon gesprochen! Diese Vorstellungen stammen noch aus Zeiten vor dem Alten Testament:

Blutrache, Verdammung und Versklavung ganzer Generationen auf Grund der Schuld eines Einzelnen, Gesetze und Lebensgewohnheiten, die wir heute nicht einmal mehr gedanklich nachvollziehen können. Dagegen stellt ja schon das „Aug' um Aug', Zahn um Zahn" des Alten Testaments einen gewaltigen Fortschritt dar, und Jesus hat oft genug gesagt und gezeigt, was Er vom Alten Testament und seinen vielen Hunderten von Gesetzesvorschriften hält. Ständig haben Ihm die Pharisäer vorgeworfen, daß Er wieder irgendwelche Gesetze übertreten hat, und jedesmal hat ihnen Jesus das entgegengehalten, was wir als „gesunden Menschenverstand" bezeichnen! „Warum mißachten deine Jünger die Überlieferung der Alten? Denn sie waschen sich nicht die Hände vor dem Essen." „Hört und begreift: Nicht das, was durch den Mund in den Menschen hineinkommt, macht ihn unrein, sondern was aus dem Mund des Menschen herauskommt, das macht ihn unrein." Und wenn Jesus sagt: „Es wird kein Jota am Gesetz vergehen ...", meint er damit nicht die Gesetze der Juden, Er meint das Ewige Gesetz Seines Vaters, und das heißt Liebe! So wie es Jesus oft genug formuliert hat!

Übrigens, wie kommen die dazu, die mit ihrer Fürchtegott-Theorie so am Alten Testament kleben, eben diese Gesetze zu übertreten? Kein Sabbat mehr, keine Handwaschungen - und wie sieht's mit dem Schweinebraten aus? Dabei ist der Umgang mit dem Alten Testament relativ einfach:

Es entstammt einer völlig anderen Zeit, die wir nur dann verstehen können, wenn wir uns die gesamte Kultur anschauen. Die „Götter" vor und neben dem Alten Testament waren grausame Rachegötter und forderten Menschenopfer! Gnadenlos! Im Vergleich mit ihnen ist Jahwe fast schon ein Liebesgott! Mit unserem Gottesbegriff, mit einem liebenden Vater, mit einem Gott, der nur aus Liebe besteht, hätte kein damaliger Mensch etwas anfangen können (geht es ja heute anscheinend noch vielen so)! Er wäre als Schwächling verlacht worden. Doch finden sich im Alten Testament viele echte prophetische Worte, viel tiefe Mystik, auch viel Wahrheit. Aber man muß den Schutt wegräumen, unter dem sie begraben wurde! Oder glauben Sie auch noch, wie es im

Buch Hiob berichtet wird, daß ein Kind dadurch entsteht, daß die Körpersäfte der Mutter zu festem Gewebe gerinnen?

Ja! „Alles hat seine Zeit!" Was heute richtig ist, ist morgen falsch! Nur eines bleibt: „Liebe deinen Nächsten wie dich selbst, das ist das Gesetz und die Propheten!" Wieso nehmen wir Jesus nicht wörtlich?

Die Theologen hätten herausgefunden, daß Jesus öfter von der Hölle als vom Himmel geredet hätte, wurde mir neulich vorgehalten. Auf ähnliche „Weisheiten" hat Jesus schon damals dagegengehalten: „Laßt sie, es sind blinde Blindenführer, und wenn ein Blinder einen Blinden führt, werden beide in eine Grube fallen!" Ich glaube, Jesus wußte wohl, warum Er keine „Schriftgelehrten", sondern nur einfache Männer um Sich versammelte, die Ihm nicht jedes Wort im Mund herumgedreht haben! Jesus spricht nur wenigemale von der Hölle, oft aber vom ewigen Feuer! Bereits in meinem Buch „...von wegen Hölle" habe ich darüber geschrieben! Feuer ist doch nicht negativ! Was wären wir ohne Feuer! Es härtet den Stahl, es schmilzt das Gold, es wärmt und nährt uns! Der griechische Held Prometheus, der der Sage nach den Menschen verbotenerweise das Feuer brachte, wurde dafür schwer bestraft! Feuer reinigt, Feuer spornt an, in wievielen Romanen wird der Held vom „Feuer der Liebe" verzehrt? Das Feuer ist es, das unseren Trotz und unsere Verbohrtheit verzehrt, das uns mit seiner Kraft vorantreibt, das uns wieder zu Gott zurückholt!

„Viele Leute glauben, daß sie denken und ordnen doch nur ihre Vorurteile neu!"

Auch wenn wir zum Beispiel in das Geschehen unseres Volkes mit eingewoben sind, und es so etwas wie ein Gesamtschick-

sal gibt, so ist doch immer nur jeder für sich selbst verantwortlich und wird auch immer nur für seine eigenen Taten verantwortlich gemacht! Gott ist doch gerecht! Weiß sogar schon das Alte Testament, daß gegenüber den Gottlosen nur „ihre eigenen Missetaten als Ankläger erscheinen". Würden Sie Ihren Sohn für das Tun Ihres Großvaters verantwortlich machen? Nein, Erbschuld gibt es nicht! Schuld sehr wohl! Und zwar die ganz persönliche Schuld eines jeden Einzelnen von uns! Ich bin es, der von Gott abgefallen ist! Ich bin es, der auf seinem Rückweg zu Gott beweisen muß, daß er seine Lektion gelernt hat, daß Gott ihm wieder voll vertrauen kann!

„Oh glückliche Schuld", lautet ein Osterhymnus! Ja, ich glaube: Ja! Denken Sie darüber nach! Nehmen Sie es mit in die Meditation, in die Stille! Ja, ich selber habe Gott verlassen, aber in Seiner unergründlichen Liebe und Weisheit läßt Er etwas unendlich Großes, Schönes daraus werden!

„Oh glückliche Schuld!" Auch dieses Wort des Psalmisten ist mir ein Zeichen für unsere Herkunft und unseren Werdegang! Sicher, es ist meine eigene Schuld, von Gott abgefallen zu sein! Er hat nur die Möglichkeit dazu in mir angelegt, dazu gezwungen hat Er mich nicht! Aber ich werde meine Schuld überwinden, werde zu Ihm zurückkehren, und wenn ich dann das Große sehe, das für mich - und vielleicht auch für Gott - daraus erwachsen ist, dann werde ich rückblickend sagen können: „Oh glückliche Schuld!" Vielleicht wie derjenige, der nach einem fahrlässig selbstverschuldeten Verkehrsunfall im Krankenhaus seine große Liebe kennenlernt. Nur in der Mystik läßt sich die Tiefe Gottes erahnen! Aus dieser meiner ganz persönlichen Schuld, aus dem Weg, den ich bisher gegangen bin, aus allem, was ich seit Beginn der Zeiten getan

habe, aus den Daten meines ganz persönlichen Lebenslaufes sozusagen, resultiert auch mein ganz persönliches Schicksal! Es gibt keinen Zufall, auch keinen noch so kleinen, genauso wie es auch nicht die allerkleinste Ungerechtigkeit gibt! Nie!

Auch wenn ich gleich wieder gesteinigt werde:

Alles, was Sie erleben, alles, was Ihnen in Ihrem Leben „widerfährt", ist Ihr persönliches „Schicksal", es ist „gerecht", richtig! Nehmen Sie an, Sie sollen ein Segelschiff über den Atlantik steuern. Dazu stehen Ihnen alle Naturgewalten zur Verfügung, Wind und Wellen! Die Besatzung verhält sich nicht sehr kooperativ! Oft setzt sie kein Segel, oft schlägt sie einen völlig verkehrten Kurs ein, und was tun Sie? Ihrem verkehrten Kurs werden Sie einen Sturm entgegenstellen, ist die Besatzung nicht bereit, Segel zu setzen, wird eine Meeresströmung sie auf ein Riff zutreiben, haushohe Wellen können sie gefügig machen, vielleicht auch mal ein Piratenschiff zu etwas mehr Eile antreiben! Genau wie bei unserem „Lebensschiff". Alles, was Sie erleben an Schönem wie an Bösem, hängt ab von Ihrem derzeitigen Kurs, Ihrem Ziel und Ihrer momentanen Bereitschaft, richtig - oder falsch zu segeln! Dabei handelt es sich nicht um das „Karma" der östlichen Religionen, das dem alttestamentarischen „Aug' um Aug', Zahn um Zahn" ähnelt:

Da muß ich nämlich alles, was ich getan habe, selbst wieder erleiden und ausbaden, ein unendlich langsamer und mühevoller Weg. Und auch ihre Götter helfen uns Menschen nicht, sogar die Menschen werden dazu angehalten, anderen nicht zu helfen, zumindest nicht allzu sehr, um ihnen nicht die Möglichkeit zu nehmen, ihr Karma auszulöschen, beziehungsweise zu verbessern. Nicht sehr ermutigend, oder? (Doch ich habe mit Freuden festgestellt, daß es sogar im Buddhismus

Elemente der Gnade gibt, so zum Beispiel, wenn jemand den Karmapa, der den Buddhisten als ein wiedergeborener Buddha gilt, wenigstens einmal in seinem Leben sieht, so wird er nach seinem Glauben davor bewahrt, in seinen fünf nächsten Erdenleben als Tier wiedergeboren zu werden!)

Wie anders ist da Christus! Er braucht keine Vergeltung, ein „Zahn um Zahn" gibt es bei Ihm nicht! Ihm geht es nur um den richtigen Kurs! Und wir erleiden nur so viel, wie unbedingt notwendig, not-wendend ist, um unseren Kurs nach Ihm auszurichten und zu stabilisieren. Unser Kurs ist noch nicht stabilisiert, wenn wir anfangen, uns in Seinen Willen zu legen. Doch unser wirklich ernst gemeintes tägliches Gebet: „Lieber Jesus, bitte gib mir die Gnade, stets Deinen Willen in mir zu spüren, und die Kraft, stets Deinen Willen zu tun", wird unser Leben verändern, wird viel Negatives und Unschönes von uns fernhalten, unser Leben in glücklichere und vor allem zufriedenere Bahnen lenken!

Es liegt an Ihnen, nur an Ihnen! Ihre Gedanken schaffen Ihre Umgebung - hier wie „drüben". Das Sterben verändert unser Leben nicht! Es ändert nur die Sichtweise! Wir können hier wegsehen, alles ignorieren, jeden Unfall, jede Krankheit, alles, was uns widerfährt, als Zufall bezeichnen, und uns hinter unseren vielen Masken verstecken! Das geht drüben nicht mehr! Keine Masken, kein Wegschauen, kein Ignorieren mehr! Dann sind wir wieder, wer wir wirklich sind! Hochstapeln ist nicht mehr!

Noch etwas ist hier anders: Wir haben die Möglichkeit, uns viel schneller zu ändern, wir können fast von heut' auf morgen ein anderer Mensch werden! Das ist einer der großen Vorteile, die wir auf der Erde genießen. Die Ferne von Gott, der große Einfluß des Bösen, und - trotz allem - Unsicherheit und Zweifel, ermöglichen uns Riesenschritte in unserem geistigen Leben, wenn jemand bereit dazu ist! Das wird „drüben", wo alles sichtbar ist, wo Unsicherheit und Zweifel wegfallen, bei weitem schwieriger und langsamer vor sich gehen! Und noch eines, was uns Christus erkauft hat und was unseren christlichen Glauben so liebenswert macht:

Wir müssen nicht auf gestern schauen! Gestern ist vorbei! Jesus fragt nicht, was hast du früher getan, wann hast du dich geändert, wie lange liebst du schon? Jesus erschließt uns diese große Wahrheit mit dem Gleichnis der Arbeiter im Weinberg, die alle denselben Lohn erhalten, obwohl die letzten nur eine Stunde, die ersten den ganzen Tag gearbeitet haben. Auch das ist eines der großen Mysterien des Christentums, und eines der schwersten! Worte können es nicht erschließen, nehmen Sie es mit in die Stille! Gott wird Ihr Bewußtsein öffnen und Sie fühlen lassen, was Verstand, Ohr und Auge verschlossen bleibt! Es ist ein Schlüssel zur Liebe Gottes und ein unendlicher Trost vor dem Sterben! Sie brauchen sich nicht mehr um Ihre Fehler von gestern zu sorgen, auch nicht um die Menschen, die Sie verletzt haben. Halten Sie sie Jesus hin, Er heilt ihre Wunden für Sie! Sie gehen „rüber" und machen genau da weiter, wo Sie jetzt stehen. Niemals stellen Sie sich schlechter als hier und heute! Das allein müßte doch genügen, endgültig alle Angst abzulegen! Da, wo Sie heute stehen, so, wie Sie heute sind, so gehen Sie rüber. Wenn Sie Klavier spielen können, dann können Sie's, und niemand fragt Sie, wie lange Sie es schon können, und wie lange Sie geübt haben und wie viele Fehler Sie gemacht haben. So müssen Sie sich auch heute keine Gedanken machen, was Sie alles falsch gemacht haben. Die Erde ist dazu da, bestimmte Erfahrungen zu machen, bestimmte Dinge zu lernen. Manchmal reichen vielleicht wenige

Stunden oder Tage, manchmal einige Jahre, und viele erhalten 60 Jahre, 70 oder noch mehr! Vieles will gelernt sein: Liebe, Ausdauer, Gelassenheit, Geduld, Herrschen und Dienen, Denken und Ausführen, Geben und Annehmen, ein gewaltiges Programm oftmals. Und dann kommt das Schwerste und Wichtigste, vielleicht der Grund dafür, daß es ein Sterben in dieser Form überhaupt gibt: sich lösen von allem, sich ganz fallen lassen! Es ist die wichtigste Erfahrung, die wir hier machen können, das Wichtigste überhaupt:

Es gibt nichts, was mich wirklich hält, keine Macht, kein Besitz, kein Geld, mein Körper nicht und auch nicht mein Wissen, nicht einmal meine Erfahrung, nichts! Noch nicht einmal meine Liebe, auch die meiner Lieben nicht! Und dann kommt der Punkt, wo sich die meisten aufbäumen, wo sie sich wehren, wo sie gegen den Tod ankämpfen. Sie wollen sich festhalten und greifen ins Leere. Sie suchen Halt und fallen von einer Verzweiflung in die andere.

„Selig, die nicht kämpfen...", ruft ihnen Jesus hier zu. Selig, denen hier die Kraft ausgeht, die sich hier fallen lassen müssen! Und in dem Moment, wo sie sich fallen lassen, stellen sie verwundert fest, sie fallen nicht! Gott hält sie! Es ist unmöglich diesen Zustand zu beschreiben oder zu erklären. Kein Versuchen, kein Lernen, auch einen Schwimmring gibt es nicht. Es gibt nur eines: fallen lassen! Es ist die Türe in meinem „Engel" - Buch, die Sie öffnen müssen, und vor der viele ein Leben lang stehen, ohne den Mut aufzubringen hineinzugehen.

Der Tod gibt vielen die letzte Chance dafür! Und wer sie ergreift, der spürt, er fällt nicht! Gottes Hand hält ihn! Und dann kommt ein unbeschreibliches Gefühl der Sicherheit, daß es nichts gibt, nichts hier und nichts in der ganzen Ewigkeit, was mir schaden kann, daß ich der Finger bin an der Hand Gottes, der mich hält in alle Ewigkeit. Und das ist Glaube, und sonst nichts! Das ist der innere Friede, Jesu Friede, der uns das Leben in Ihm erschließt, der uns eins macht mit Ihm! Alles andere ist ein Getrenntsein von Gott, und das bedeutet immer Schmerz! Der Tod wird hier zum Helfer für viele! Schaffen Sie diesen Schritt schon vorher, dann gibt es keinen Tod mehr für Sie! Doch dieser Schritt ist nie unser Verdienst. Es ist Seine Gnade, Sein Blut, das Er für uns bezahlt hat. Sie müssen nur eines dazu tun, Sie müssen sich Ihm vorbehaltlos übergeben:

„Jesus, gib mir die Gnade, stets Deinen Willen in mir zu spüren, und die Kraft, stets Deinen Willen zu tun! Stelle mich in Dein Licht, halte mich in Deiner Hand und hülle mich ein in den Atem Gottes, der das Leben ist!"

All das kann ich Ihnen nicht beweisen, niemand kann es, und Gott will es nicht! Ja! Wir sollen lernen, Gott in uns zu fühlen und unserer inneren Stimme zu glauben! Wir sind hier, um zu lernen, nicht um zu beweisen! Und lernen müssen wir heute auch, an uns selbst zu glauben, an unseren Wert, an Gottes Gegenwart in uns, an unsere innere Stimme. Jeder kann es lernen! Doch haben Sie Geduld und Ausdauer! Wie lange haben Sie Mathematik gelernt oder Englisch? Also, kein Grund zum Verzweifeln!

Wenn ich sagte, daß alles, was uns widerfährt, „gerecht" ist, dann betrifft das wirklich alles. Alles ist das Ergebnis unseres eigenen Tuns und vor allem unserer Gedanken! Auch wenn ich wieder mißverstanden werde: Das betrifft nicht nur Krankheit und Unfälle, das gilt auch für Kriege, Hungersnot, Naturkatastrophen. Es gibt keine „Unschuldigen", so hart dies in vielen Fällen auch klingen mag!

Die Kirchen müssen hier Zuflucht nehmen zu der „Gerechtigkeit Gottes, die wir nicht verstehen können“, nach dem Motto: „Alles Wahre widerspricht dem gesunden Menschenverstand“! Nein, nie! Nur ist dieser „Menschenverstand“ oft recht kurzsichtig! Sicher, wenn wir als unbeschriebenes Blatt auf die Welt kommen, dann muß ich mich wirklich fragen, wieso der eine als Flüchtlingskind in Ruanda geboren wird, der andere in den Slums von Buenos Aires und der dritte im satten Deutschland! Viele Menschen haben doch von vornherein nicht die Spur einer Chance. Gerechtigkeit? Wir sind keine unbeschriebenen Blätter! In unserem Lebensbuch sind wie in einem Schiffstagebuch die Koordinaten des Punktes verzeichnet, an dem wir heute stehen, und alle Erfahrungen, die wir machen müssen, alles, was wir zu lernen haben, leitet sich aus unserem bisherigen Kurs ab! Und dann werden wir genau in die Lebensumstände hineingeboren, die uns diese Bedingungen bieten! Wir sind keine unbeschriebenen Blätter! Gestern nicht und auch heute nicht! Während ich diese Zeilen schreibe, tobt gerade der fürchterliche Krieg in Jugoslawien! Tausende von „Unschuldigen“ werden täglich verwundet, ermordet, gefoltert! Abgesehen von dem, was jeder einzelne selbst mitgebracht hat, wieviel Haß ist in den letzten Jahren und Jahrzehnten geschürt worden? Jede Volksgruppe hat die andere verteufelt, schlecht gemacht, Eltern haben den Haß ihren Kindern eingeimpft! Es war nie ein friedliches Zusammenleben! Was heute geschieht, ist nichts anderes, als der materialisierte Haß, die sichtbare und spürbare Gewalt der Gedanken!

Sie setzen sich für den Frieden in der Welt ein, aber Ihren Nachbarn hassen Sie, weil er Ihnen mit seiner bescheuerten Art auf den Wecker geht? Vergessen Sie's! Es wird nie Friede sein!

Was für Mittel wird Gott einsetzen müssen, um Menschen, die beispielsweise so unmenschliche Folterungen verüben, zur Vernunft zu bringen, auf Seinen Weg zurückzuführen? Wird Er sie „durch die Hölle" gehen lassen? Werden sie die „unschuldigen" Kinder eines späteren Krieges sein? Ich möchte nicht in ihrer Haut stecken! Einfach wird es nicht werden! Aber Gott wird es schaffen, da bin ich mir ganz sicher! Mit Liebe und Geduld und Gerechtigkeit! Und hüten wir uns davor, zu urteilen, zu richten! Ich halte es für falsch und sehr gefährlich, wie oftmals mit dem „Wissen" um Karma und Gerechtigkeit und Reinkarnation umgegangen wird! In Indien hat dies zur Ausbildung des Kastenwesens geführt, aus geistiger Sicht eine große Belastung, deren Tragweite auch von manchen hochentwickelten Jogis nicht erkannt wird und gegen die Ghandi vergeblich gekämpft hat. Wir können kaum etwas Falscheres tun, als zu sagen: du bist krank - das ist deine eigene Schuld, du bist arm - das ist deine eigene Schuld, du bist behindert - das ist deine eigene Schuld, dein Leid, dein Unglück, deine Trauer - alles deine Schuld! Es ist dies nicht nur eine vordergründige Sichtweise, die für den anderen verletzend und wenig hilfreich ist, sie läßt auch jede tiefere Beschäftigung mit dem Sinn des Lebens vermissen und sie ist schlicht und einfach falsch. Auch Christus ist sie völlig fremd! Wir haben hier auf der Erde etwas zu lernen! Alle! Ein kleines Stück des Programms der Unendlichkeit spielt sich hier und heute auf der Erde ab. Für Sie, für mich, für uns alle, ein kleiner Ausschnitt, für jeden ein anderer! Und alles, was sich ereignet, gehört dazu, ist das Rahmenprogramm! Alles, was ich erfahre, was mich betrifft, hat mir etwas zu sagen, ist eine Seite aus meinem Lebenslernprogramm. Und wie beim Lernen in der Schule, hilft mir auch hier kein Zurückschauen! Wo habe ich gesündigt, was habe ich nur getan, daß es mir heute so schlecht geht, das bringt mich nicht weiter. Wie gehe ich damit um, was kann ich tun, daß es mir morgen besser geht, oder vielleicht trotz allem heute schon? Muß ich Krankheit und Leid immer als „Strafe" ansehen für gestern, kann es nicht auch Wegweiser sein für morgen? Könnte es nicht Eigenschaften in uns prägen und verstärken, die wichtig sind? Geduld zum Beispiel, Verständnis, die Möglichkeit, später mit andern mitfühlen zu können? Eine Behinderung als Lehrmeisterin für Geduld und Demut? Zu lernen, sich helfen lassen zu müssen, ist immer schwieriger, als zu helfen! Sicher, gerecht, richtig ist alles, aber eben vielleicht, um mich zu formen, mich zu festigen, mir Kurskorrekturen zu ermöglichen. Andere haben dies vielleicht schon hinter sich, oder machen ähnliche Erfahrungen erst später! Wie viele Menschen hat ihre Krankheit, ihr Leid bereits sehr nahe zu Jesus gebracht? Strafe? Nein, es war ihre Chance, ihre Gnade, Ihn finden zu dürfen und ihr Leben radikal zu ändern! Auch zu Lebzeiten Jesu waren nur wenige Ihm so nah wie die Kranken. Und keine Szene ist überliefert, wo Jesus zum Psychoanalytiker geworden wäre, was hast du getan? Wo, wie, wer, warum?

„Geh hin und sündige nicht mehr"! Er hat eben nicht nur den Körper geheilt, sondern auch Seinen Segen mitgegeben für den zweiten Teil, den wichtigeren, die Kurskorrektur Richtung Gott! Deutlich weist Er Seine Jünger zurecht, als sie Ihm die auch damals gültige Karmalehre unterjubeln wollten: "Wer hat gesündigt? Er oder seine Eltern?"

„Weder noch", sagt Jesus, und heilt den Blinden, „das Wirken Gottes soll an ihm offenbar werden!" Ob Jesus damit das Wunder als solches gemeint hat, oder den richtigen Weg,

den dieser Mensch nun gehen wird, können wir getrost offen lassen. Wichtig ist nur, es gibt bei Gott immer mehr Möglichkeiten, als wir sehen!

Richtet nicht!

Und auch wer Pest, Naturkatastrophen und Aids als Strafe Gottes ansieht, irrt.

Richtet nicht!

Oder gar, wie neulich geschehen, den Tod als Strafe für ein uneheliches Kind zu bezeichnen! Wie muß das Gottesbild eines solchen Predigers aussehen? Jesus war auf solche Leute gar nicht gut zu sprechen! Er hat ihnen oft ganz gewaltig die Hörner gestutzt! Wenn alles im Leben gerecht ist, richtig, dann ist es der Tod als gravierendster Einschnitt in das Leben allemal! Und so gibt es weder einen zufälligen Tod, noch einen Tod als Strafe oder sonst irgend etwas! Auch der Tod ist immer richtig, und bei einem liebenden Gott immer im für uns besten Sinne! Ist es der Abschluß unseres Lernprogrammes, oder sind wir einfach nur müde, ausgebrannt? Bewahrt er uns vor unnötigem Leid oder vor einem großen Fehler? Weckt er vielleicht unsere Nächsten auf, dient ihnen zur Kurskorrektur oder ermöglicht ihnen erst ihre eigene Entwicklung? Gott hat sicher eine unendliche Anzahl von Möglichkeiten parat, und alles hat einen Sinn, ist richtig und gerecht und dient uns und unserer wirklichen Bestimmung, auch wenn wir es zuerst vor lauter Leid und Trauer nicht sehen können!

Richtet nicht! Wir sind hier, um zu erkennen, wer wir sind, worauf es ankommt, um unseren Weg zu finden und zu gehen, um zu lieben und zu helfen, und nicht, um unsinnige Fragen zu stellen oder andere mit unseren Antworten zu verletzen!

Mitleid, mit-leiden, das geht sowieso nicht, aber mitfühlen, das sollten wir lernen und zuhören können, vielleicht gerade auch bei einem Sterbenden. Und seine Angst verstehen, mitfühlen und unsere Sicherheit dagegenstellen! Die Sicherheit, die ihn hinübertragen kann, bis er mit eigenen Augen sieht, wie einfach und richtig alles ist!

Wir sollten uns auch auf das beschränken, was Jesus gesagt hat, und nicht ständig eigenmächtig Gott Vorschriften machen wollen! Wie können wir eine „Vorhölle" konstruieren, in die die Kinder kommen, die ungetauft sterben, wenn Jesus die Kinder so liebte und ihnen solche Hochachtung entgegenbringt, „denn ihrer ist das Himmelreich"? Daran ändert auch die Tatsache nichts, daß vor einiger Zeit die „Vorhölle" klammheimlich in „Vorhimmel" umgetauft wurde und die Lebensbedingungen dort großzügig verbessert wurden! Was für ein Hochmut steckt dahinter, in einer schier unerschöpflichen Allwissenheit und Eigenmächtigkeit Dinge von solcher Tragweite regeln zu wollen, über die Jesus nie ein Wort verloren hat? Völlig entgegengesetzt vieler Seiner Aussagen und diametral entgegengesetzt Seiner Liebe? Stets wird dann Zuflucht genommen zum Heiligen Geist, der die Kirchenlehrer, Bischöfe und Päpste erleuchtet haben soll! Mich würde interessieren, wer sie erleuchtet hat in den Kreuzzügen, in der Inquisition, bei Glaubenskriegen, Ablaßverkäufen und und und ...! Nein! Der Heilige Geist erleuchtet die, die sich Ihm in Liebe öffnen, die in Gebet und Meditation Seine Gegenwart spüren lernen. Es sind die Mystiker, die unter Verzicht auf Macht und Orden diese heilige Nähe Gottes in sich spüren dürfen. Es sind die „Kleinen", von denen Jesus gesprochen hat, denen vieles offenbart wird, was den „Großen und Mächtigen verborgen bleibt"! Zu allen Zeiten sind sie verlacht, verspottet, verfolgt worden, ausge-

stoßen, verraten, exkommuniziert! Es wäre so einfach, wenn, ja, wenn der Teufel nicht wäre! Wenn ich Teufel wäre, dann würde ich mich auch nicht auf die Harmlosen stürzen, sondern die angreifen, die mir gefährlich werden könnten! Dort würde ich meine Leute hinsetzen, Unruhe stiften, Fälschungen und Lügen verbreiten! Wissen Sie nun, warum ich meinen christlichen Glauben so liebe, trotz allem (oder wegen allem)! In die Mysterien kann der Teufel nicht eindringen, und sie haben nach wie vor eine ungeheure Kraft, aus der auch heute noch Gnade und Liebe fließen und, wie ich hoffe, immer fließen werden!

Vom unwichtigsten Beiwerk ist alles geregelt, auch die kleinste Kleinigkeit. Tausende von Kirchengesetzen, Verordnungen, Regeln, Glaubensaussagen! Doch wissen wir auch etwas zu sagen, wenn beispielsweise ein zweijähriges Kind stirbt? Dabei ist es so einfach! Es stirbt niemand ohne den Willen Gottes! Es gibt keine Zufälle, beim Sterben schon gar nicht! Könnte es nicht sein, daß dieses Kind seine Mission auf Erden bereits beendet hat? Müssen wir Gott immer unterstellen, daß Er Fehler macht oder schlicht schläft? Wer sagt denn, daß ein Siebzigjähriger mehr gelernt hat als ein Zwanzigjähriger oder ein zweijähriges Kind? Oder ein Kind, das bei er Geburt stirbt? Keiner von uns kennt das Programm, das eigene nicht und das fremde schon gar nicht! Wer von uns weiß, was bereits eine Geburt an Erfahrungen bringt? Ja, eine Schwangerschaft? Waren es nicht vielleicht gerade diese Erfahrungen, die das Kind machen sollte? Und nur diese Erfahrungen? Wäre es nicht unsinnig, es siebzig Jahre hier leben zu lassen, wenn dieses Leben nicht in sein Programm paßt? Vielleicht mußten auch seine Eltern gerade diese Erfahrung machen, ihr Kind wieder gehen zu lassen! Gott tut nie etwas Unsinniges. Nur wenn wir dieses Leben über die Ewigkeit entscheiden lassen, dann fällt es uns natürlich schwer, mit einem Kind, das schon bei der Geburt gleich wieder geht, etwas anzufangen! Anscheinend fehlt uns dafür die Schublade, und wir müssen Vorhöllen und Vorhimmel und was weiß ich noch alles konstruieren, denn es darf ja wohl nicht sein, daß ein Kind, das sich im Leben gar nicht bewähren mußte, denselben Lohn, denselben Himmel erhält wie der, der sich ein Leben lang tapfer durch alle Versuchungen gekämpft hat!

„Oh ihr Blinden, ihr habt Augen und seht nicht und Ohren und hört nicht...!" Ja, und wie war das mit dem Gleichnis von den Arbeitern im Weinberg?

Sie alle, die Sie ein Kind „verlieren" mußten, einen Angehörigen, einen jungen oder älteren Menschen, Sie haben niemanden verloren! Wir sehen nur manches falsch. Zum einen trübt unsere Sicht schon mal unser Besitzdrang! Alles gehört uns, ist unser Besitz, und wir hängen Körper und Herz daran!

„Eher kommt ein Kamel durch ein Nadelöhr, als ein Reicher in den Himmel!" Darauf bezieht sich dieses Wort Jesu! Prinzipiell hat der Reiche weder Vor- noch Nachteile gegenüber dem Armen! Doch meist hängt er an seinem Besitz! Und das ist das Problem! Jesus will uns glücklich machen, uns beschenken. Mit keinem Wort hat Er die Frau getadelt, die Ihm mit dem sündhaft teuren Nardenöl Sein Haupt salbte, ganz im Gegenteil. Aber Er hätte auch ohne dies leben können! Selbst unser Überfluß ist durch die Liebe Gottes abgedeckt! Nicht aber die Gier. Wo die anfängt, muß jeder für sich selbst beurteilen. In der Stille wissen wir, was richtig ist und was nicht, wenn wir uns freimachen vom Urteilen und Verurteilen. Auch der barmherzige Samariter - eines der wichtigsten Gleichnisse Jesu - war ein reicher Mann. Wie

hätte er sonst dem Wirt das Geld für den Verletzten bezahlen sollen? Wir dürfen „reich" sein, wir brauchen auch keine Almosen geben bis aufs Hemd! Auch bei Gott läuft alles in einem vernünftigen Verhältnis ab. Doch wenn Gott uns einen „Nächsten" vor die Tür stellt, dann erwartet Er auch unsere Hilfe! Wir helfen ja so gern - dem Übernächsten! Nein! Den Nächsten sollen wir lieben! Und dieser Nächste befindet sich meist sogar in der eigenen Familie!

Sie dürfen ein schönes Haus haben, ein schickes Auto, Kleider, Urlaub! Aber Sie dürfen nicht daran hängen! Sie dürfen es nicht als Ihren Besitz betrachten! Gott hat es Ihnen geliehen! Freuen Sie sich darüber und danken Sie Ihm für die schöne Zeit, wenn Er es wieder zurückfordert, anstatt Ihm wegen des Verlustes Vorwürfe zu machen! Genau dasselbe gilt auch für uns selbst! Ihr Kind ist nicht Ihr Kind! Es ist ein Mensch, der wie Sie einen eigenen Weg auf der Erde zu gehen hat, und den Gott in Ihre Obhut gegeben hat, bis er selber gehen kann! Freuen wir uns doch über die Zeit, die wir zusammen gehen dürfen, und wenn einer von uns seinen Weg beendet hat, dann können wir ihn mit Freuden verabschieden, denn er geht einer schönen Zeit entgegen. Daß wir als Mensch traurig sind, daß uns etwas fehlt, daß auch manchmal „eine Welt zusammenbricht", das ist selbstverständlich. Doch kann diese menschliche Trauer nie größer sein, als die geistige Freude, sonst stimmt etwas nicht! Alles andere ist Egoismus! Verständlicher zwar, aber trotzdem Egoismus! Und Egoismus ist nie richtig, macht nie glücklich und schafft nie eine zufriedene, friedliche Atmosphäre um uns herum. So sehr wir einander lieben, so müssen wir uns davor hüten, unser Glück nur darauf zu gründen! Unser Glück ist die Zufriedenheit mit dem Augenblick, in dem wir leben! Die Zufriedenheit mit dem, was wir gerade haben! Und so gibt es

Menschen, die selbst im KZ zufrieden, ja glücklich sein können! Die innere Größe, die hierzu nötig ist, die sollen wir hier lernen! Gerade auch durch „Schicksalsschläge"! Oft genug trägt unsere „Liebe" den Stempel unseres Egoismus, Stolz und Besitzgier, Eitelkeit und Selbstbeweihräucherung! Wo - wie so oft heute - Liebe in blinden Haß umschlagen kann, war nie echte Liebe im Spiel.

Auch um unsere Angehörigen brauchen wir uns keine Sorgen zu machen, auch sie hat Gott berücksichtigt, auch für sie ist unser Tod „richtig".

„Macht euch keine Sorgen... seht euch die Vögel des Himmels an...die Lilien auf dem Feld...!"

Wir mit unseren Sorgen! Als ob Gott unsere „Sorgen" nicht kennen würde, als ob ein liebender Gott unsere „Sorgen" nicht ernst nehmen würde! Unsere Fürbitten sind oft eine endlose Kette von Anweisungen! Gott sei Dank läßt sich Gott nicht zu unserem Handlanger machen! Gott sei Dank können wir Ihn nicht zwingen, unsere Bitten zu erhören! Wie oft würden wir uns damit schaden!

„Mach uns gesund"!

Und wenn die Krankheit gerade das ist, was wir momentan brauchen?

„Laß den Franz nicht sterben!"

Und wenn der Franz hier fertig ist und eine wunderschöne Zeit auf ihn wartet? Und wenn - und das ist auch ein ganz entscheidender Punkt - wenn seine Angehörigen durch seinen Tod eine Wandlung durchmachen, die sie weit voranbringt? Die sie vielleicht wieder auf ihren Weg zurückbringen kann? Die ihnen genau die richtige Kursänderung aufzwingt? Jeder von uns hat seinen eigenen Lebensfaden! Er mag über kurze oder weite Strecken mit dem anderer Menschen verwoben sein, doch wenn sich die Fäden wieder trennen, oder wenn ein Faden reißt, dann ist das auch für den anderen „richtig", auch wenn es wie ein noch so harter „Schicksalsschlag" aussieht! Gott, der unsere Lebensfäden gesponnen hat - oder Seine Engel in Seinem Auftrag - jeder Lebensfaden ist für sich richtig gesponnen! Und wenn sie miteinander verwoben oder voneinander getrennt werden, dann ist das der von vornherein festgelegte Weg des einzelnen! Wir brauchen uns um unsere Angehörigen, die wir hier zurücklassen, keine Sorgen machen, aber - und das ist wieder ganz entscheidend - wir dürfen uns Gedanken machen! Gute Gedanken! Gedanken der Liebe und des Friedens! Wir können unsere Angehörigen stets in Gottes Licht einbetten, zu Lebzeiten genauso wie auf dem Sterbebett und natürlich auch nachher noch! Jeder Vater, jede Mutter sollten ihre Kinder segnen und sich gegenseitig jeden Tag! Das ist auch einer der Vorzüge des Christentums, den es bei weitem nicht in jeder Religion gibt: Nicht nur für uns, auch für unsere Angehörigen können unsere Gedanken eine Atmosphäre der Liebe und des Friedens schaffen, die es dem Bösen schwer macht und das Gute anzieht! Längst wird die Kraft der Gedanken in Trainingsseminaren für Manager, Versicherungsleute und Verkäufer gelehrt, mit durchschlagendem Erfolg! Wann setzen wir Christen sie ein? Wann beten wir jeden Abend und jeden Morgen:

„Lieber Jesus! Stelle meine Familie (und alle, die Sie segnen wollen, vielleicht sogar auch ganz besonders Ihre Feinde!) in Dein Licht und mach' es undurchdringlich für alles Böse, Schädliche, Negative, Krankmachende! Gib ihnen die Gnade, stets Deinen Willen in sich zu spüren, und die Kraft, stets

Deinen Willen zu tun! Heile sie an Leib und Seele, und führe sie Deinen Weg!" Und dann machen Sie über jedem das Kreuzzeichen und segnen ihn im Namen des Vater, des Sohnes und des Heiligen Geistes! Sie werden damit Berge versetzen können! Nicht nur im Sterben, nein, jeden Tag! Denn wenn Sie an Ihren Nächsten, an Ihrer Familie und an Ihrer Bestimmung vorbeileben, dann sind Sie längst gestorben für die Liebe und für Ihre Aufgabe, einer der lebenden Toten, von denen Jesus so oft gesprochen hat.

Unser christliches Schicksal ist nicht die blinde Fortuna der Griechen, nicht das unerbittliche Karma des Hinduismus und Buddhismus und auch nicht das erbarmungslose Fatum der Mohammedaner, das einem nur die Wahl läßt, sich in sein Schicksal zu ergeben oder zu verzweifeln! Nein! Jesus gibt uns die Möglichkeit, ja, Er hofft inständig, daß wir sie ergreifen, unser Schicksal selbst in die Hand zu nehmen! Was ich heute bin, ist das Ergebnis meines gesamten bisherigen Seins und die Konsequenz aus meinem gesamten bisherigen Tun und Denken! Das, was ich morgen bin - das bestimme ich heute mit! Schießen Sie einen Pfeil ab! Sie können seine Flugbahn ganz genau berechnen! Und dann machen Sie Wind, und die Flugbahn krümmt sich; und dann machen Sie mehr Wind, und die Flugbahn krümmt sich mehr! Der Wind, den wir heute machen, verändert unmittelbar unsere Flugbahn - die Richtung bestimmen wir. Gedanken des Hasses, üble Nachrede, böses Tun, „Kaffeeklatsch", jeder Verstoß gegen die Liebe läßt uns in die falsche Richtung driften, und Gott muß uns - in Seiner unendlichen Liebe - zur richtigen Zeit einen „Schicksalsschlag" dagegenstellen, will Er uns nicht ganz abdriften lassen. Jeder Gedanke der Liebe, jede echte Freude mit jemandem geteilt, jeder Dank, jeder Gruß an Gott begradigen unseren Weg - sofort! Und wenn da mor-

gen noch ein Stein gelegen hätte, dann wird uns die heutige Kurskorrektur daran vorbeiführen, und die Grube, in die wir gerechterweise - „o du blindes Schicksal" - hätten fallen müssen, wird morgen unseren Weg höchstens noch säumen! Auch das ist eines der ganz großen Mysterien des Christentums! Und die Krönung davon ist der Vorsehungsglaube:

Sich bedingungslos in den Willen Gottes legen, Ihn täglich, stündlich, augenblicklich zu bitten:

„Gib mir die Gnade, stets Deinen Willen in mir zu spüren, und die Kraft, stets Deinen Willen zu tun", und von diesem Moment an zu wissen, alles, was ich jetzt tue, ist richtig! Alles, was jetzt auf mich zukommt, ist Gottes Wille! Jeder, der an meine Tür klopft, wurde von Ihm geschickt! Alles was ich erhalte, hat Er mir geschenkt! Wir können in uns Seinen Willen spüren, auf jede Frage, Ihm oder unserem Schutzengel stumm gestellt, eine Antwort erhalten, und jedes Problem, Ihm hingehalten, gelöst zurückerhalten! Dann kümmert Er sich um alles, auch um das Alltäglichste! Aber so, wie Er es für richtig hält! Pater Kentenich beispielsweise wurde für ketzerische Gedanken 15 Jahre nach Südamerika verbannt! Eine Katastrophe? Nicht für ihn. Es war ja Gottes Wille! Und so gründete er drüben sein weltumspannendes Schönstattwerk, was ihm ansonsten wohl schwerlich gelungen wäre! Genauso spürte er, daß er ins KZ gehen sollte, er ging, konnte vielen helfen, und kam heil wieder heraus!

„Bleibt in Mir, dann bleibe Ich in euch!" Diese innere Vereinigung mit Gott, die „Unio Mystica" wie es die Mystiker nennen, das ist das große Ziel Jesu, für das Er gelebt und gestorben ist! Die Angst - die immer nur aus der Trennung von Gott lebt - existiert nicht mehr, die Frage nach dem Sterben existiert nicht mehr - es gibt keines mehr! Es ist nur

noch die Umkleidung, der Tausch der verschwitzten Alltagskleider in das göttliche Gewand, denn dann wird das riesige Opfer, das Jesus gebracht hat, uns ganz umfassen und Sein Blut uns weit, weit hinauftragen in Höhen, wo es mir vom bloßen Drandenken schon schwindlig wird!

Bleiben Sie in Ihren Gemeinschaften, in denen Sie sich wohlfühlen. Jesus braucht keine Einheitsreligion, Er will die Einheit der Religionen! Es ist völlig egal, woran Sie glauben, wenn es die Liebe Jesu ist! Und noch etwas zum Schluß für alle, die Angst haben, die sich nicht trauen, Fehler zu machen, die stets ihre Sünden zählen:

„Wer auch nur eines der Gesetze aufhebt und die Menschen entsprechend lehrt, der..." - Jesus meint damit die ewigen Gesetze Seines Vaters, und die fangen alle mit Liebe an und hören mit Liebe auf, und diese Liebe zu verletzen, und die Menschen das Gegenteil zu lehren, ist sicher etwas vom Schlimmsten. Und der also, der dieses Verbrechen begeht, der - kommt in die Hölle? Nein! „...der wird im Himmelreich der Kleinste sein!" In Jesu Himmel? Da bin ich gern der Kleinste! Jesu Liebe kennt wirklich keine Grenzen, und so ist für mich das Herzensgebet der orthodoxen Kirche eines der schönsten Gebete! Sie können es immer beten, jede freie Stunde, jede freie Minute, in der Freizeit, bei der Arbeit, beim Kochen und beim Zähne putzen, einmal, mehrmals, ununterbrochen Ihr ganzes Leben lang, am Abend damit einschlafen und morgens damit aufwachen:

J e s u s , i c h l i e b e D i c h !

Kennst Du Deinen Engel?

ISBN 3-928080-008

192 S. gebunden 10€/19SFr

*Ist eine Behinderung wirklich nur ein Schicksalsschlag? Besteht der Sinn des Lebens wirklich nur darin, möglichst viel Spaß zu haben? Wo liegen die Ursachen der Krankheit und wie schütze ich mich davor? Wer bin ich? Warum bin ich hier? Warum mache ich immer wieder dieselben Fehler? Was ist Streit, Krieg, Frieden, Tod? Wer ist Gott? Barbara, ein behindertes Mädchen, und Michael, ihr Engel, lassen viele alltägliche Dinge in einem ganz anderen Licht erscheinen. Ein Roman, der uns einführen will in die Welt des Geistes. Ein Buch, das bisher über **150 000** Mal verkauft wurde und damit zu den meistgelesenen Engelbüchern überhaupt zählt, und das nur durch ihre Empfehlung, von Mund zu Mund. Dafür sei unseren Lesern ein herzliches Dankeschön gesagt!*

...von wegen Hölle *ISBN 3-928080-07-5 // 10.-€*

...von wegen Sterben *ISBN 3-928080-08-3// 10.-€*

Krankheit, Leiden, Tod, Sünde, Strafe, Sterben, Himmel, Hölle, Sinn des Lebens, Vorherbestimmung, Zufall, Gott, Engel, Teufel, Frieden, Krieg, es gibt kaum ein Thema, auf das die beiden „...von wegen Bücher" nicht klare, ausführliche und zutiefst befriedigende Antworten geben.

Schicken Sie uns beiliegende Karte oder schreiben Sie uns, wir werden Sie gerne über Neuerscheinungen informieren:

Auch die **Kinderbücher** von **Benjamin Klein** sind schon fast Legende. Über **30000** Ex. sprechen für sich selbst. Es sind jeweils in sich abgeschlossene Märchen aus der Welt der Kinder. Es sind die „Engel-Bücher" für Kinder. Sie öffnen die Augen für die geistige Welt, verzaubern sowohl Kinder wie Erwachsene und es sind Bücher, die man immer wieder gern zur Hand nimmt und die schon Fünfjährige zum Nachdenken bringen. Schenken Sie sich und Ihren Kindern mit diesen Büchern Sinn und Freude.

Lena-Maus, Orka der Schwan
ISBN 3-928080-02-4
Lena-Maus, Die Baumelfe
ISBN 3-928080-06-7
Lena-Maus, Die Weltenuhr
ISBN 3-928080-09-1
Jeder Band 48 Seiten gebunden, 19,5 x 22,5, mit 12 Aquarellbildern 12.-€/ 22.-SFr.

Ben der Wildschweinkönig
ISBN 3-928080-05-9
180 Seiten, geb. 12€.-/22.-SFr.
Die Geschichte des kleinen Wildschweins Ben, das sich in seiner Welt nicht wohl fühlt und angeleitet von seinem Großvater viele Abenteuer bestehen muss, die es immer tiefer einführen in die Welt des Geistes und Staunens. Für Kinder ab 8 Jahren.

Regiatrex-Verlag
Vorarlbergerstraße 13, 88212 Ravensburg

Träume sind geflügelte Wünsche
ISBN 3-928080-10-5
192 S. gebunden 12€/22SFr.

*Nach seinem **Bestseller „Kennst Du Deinen Engel"**, der sich seit über 15 Jahren in der Spitzengruppe der Top-Titel der spirituellen Literatur hält, stellt B. Klein erneut ein Buch von ähnlichem Format vor! Mit seinem neuen Werk versetzt er Sie in die Lage, Ihre Zukunft selbst zu gestalten! Kein Zufall, kein blindes Schicksal, auch nicht die „bösen Anderen", ausschließlich wir selbst bestimmen unsere Zukunft. Allerdings meist unbewusst und leider oft nicht so, wie wir es gerne hätten. Lernen Sie, bewusst mit dem Augenblick umzugehen, und lesen Sie, worauf Sie achten müssen, um zu Ihrer Wunschzukunft zu gelangen. Denn nur dazu sind wir auf Erden, um Erfahrungen zu machen, Gefühle zu entwickeln und letztendlich nur noch die Gefühle zu leben, die wir wirklich leben wollen!*

Säure - aus biologischer Sicht *ISBN 3-928080-04-0*
Zähne - aus biologischer Sicht *ISBN 3-928080-03-2*
Beide Broschüren mit jeweils 24 Seiten 4.-€/8.-SFr.
Krankheit muss nicht sein, vor allem trifft sie einen nie zufällig. Jede Krankheit hat eine Ursache und heute meist mehrere. Einige davon sind in unseren beiden Broschüren beschrieben, nebst Abhilfe und konkreten Anleitungen.

Sollten Sie die Broschüren oder ein anderes Buch in ihrer Buchhandlung nicht erhalten, dann können Sie es direkt beim Verlag bestellen.